AF525940

Claudia Götze

Weißt du noch?

Straßenkirmes, Tanzstunde bei Gerda Rüppell und heiße Nächte mit „Apart 2000“

Mitten aus'm MÜHLHÄUSER DDR-Alltag

Geschichten und Episoden

Fotonachweis:
Sammlung Autorin (56), Sammlung Ludwig Pölitz (18), Mühlhäuser Museen (2), Sammlung Bernhard Seyfarth (4), Irmgard Last (3), Peter Petrowsky (2), Wolfgang Pilz (10), Frank Marx (3), Kreiskirchenarchiv (3), Sammlung Siegfried Baumgart (7), Sammlung Gerhard Funke (3), Günter Herpe (3), Sammlung Artur Heilwagen (4), Thomas Essiger (4), Sammlung Heiko Thiele (2), Günther Körber (4), Dietrich Jäckel (2), Hans-Joachim Mock (1)

Quellen:
Die Einnahme von Mühlhausen/Thüringen durch die amerikanischen Truppen am 4. April 1945, Mühlhäuser Beiträge, Sonderheft 9. Rolf Aulepp, Neues aus dem alten Mühlhausen, 1993, S. 90–95
Dieter Fechner, Mühlhüser Gaststätten, Görner, Gunter/Kaiser, Beate: Chronik der Stadt Mühlhausen, Band 6 und 7, Verlag Rockstuhl, Bad Langensalza 2004/06
Rolf Kogel, Mühlhausen geht baden, Mühlhäuser Beiträge, Sonderheft 18
Ein Überblick bis 1990, Rockstuhl-Verlag 2008
Thomas T. Müller/Andreas Schwarze, Kirchenumnutzung in der DDR; Thomas Müntzer. Zeitgenossen. Nachwelt, Veröffentlichung Nr. 14 der Thomas-Müntzer-Gesellschaft, 2010

4. Auflage 2016

Druck und buchbinderische Verarbeitung:
Buchproduktion Finidr, s.r.o., Český Těšín

34128 Kassel, Richard-Strauß-Straße 33, Tel. (0561) 9 37 17 38
www.Herkules-Verlag.de
ISBN 978-3-941499-71-3

Inhaltsverzeichnis

VORAB

BOMBEN AUF MÜHLHAUSEN – ERST KAMEN DIE AMIS, DANN DIE RUSSEN

Ein wichtiges Ereignis in der Stadtgeschichte war die Besetzung durch amerikanische Truppen. Bereits am 26. März 1945 standen die „Amis" bei Fulda. Es war kurz vor Ostern. Am Karfreitag (30. März) wurden in der Stadt die ersten Panzersperren gebaut. Am Ostersamstag um 17 Uhr: Angriff durch amerikanische Tiefflieger, auch auf Einzelziele bei **Peterhof**. Eine kleine Bombe fiel in ein Feld hinter der **Schmudesiedlung**. Nach Ostern (4. April 1945) wurden amerikanische Sturmschützen an der **Holzecke** gesichtet. Um die Mittagszeit dann Bombenalarm: **Brenner** und **Hildebrand** am Steinweg und in der **Meißnersgasse** wurden getroffen. Der Mühlhäuser Historiker **Rolf Aulepp** (1913–2008) schildert in seinen Erinnerungen: „Westlich vom Friedhof wehrten sich drei kleine deutsche Infanteriegeschütze gegen die vorrückenden Truppen. Am gleichen Nachmittag wird Mühlhausen kampflos übergeben."

Übergabe der Stadt

Ein deutscher Offizier war mit einem Fahrzeug und einer weißen Flagge in Richtung Eigenrieden zu den Amerikanern gefahren und hatte die Übergabe der Stadt erklärt. Gesprengt wurden die **Wagenstedter-** und die **Eisenbahnbrücke.** Die **Ammerbrücke** blieb erhalten. Am Abend fuhren die ersten amerikanischen Panzer durch die **Wanfrieder** Straße. Bereits am 5. April 1945 wurden die ersten Panzersperren durch amerikanische Panzer weggerissen. Die Holzstämme holten sich anschließend die Einheimischen weg. Am 7. April gab es einen deutschen Angriff mit Splitterbomben und Bordwaffenbeschuss, aber kaum Verluste bei den amerikanischen Truppen. Mehrere Bomben fielen auf den Bereich **Lindenbühl/Felchtaer** Straße. Überall gab es Tote und Verletzte. Die Amerikaner waren schneller in Mühlhausen als die zu diesem Zeitpunkt noch in Heiligenstadt stationierte SS. Die Besatzer blieben bis 3. Juli. Am 4. Juli erschienen die ersten sowjetischen Offiziere und Soldaten. Das war im Februar 1945 auf der „Krim" zwischen den Alliierten festgelegt worden. Das Nachkriegs-Mühlhausen hatte fast 47 000 Einwohner – 8200 davon waren Umsiedler und Evakuierte. Die Stadt war kaum zerstört, 25 von 4850 Häusern waren erheblich beschädigt. 12 500 Wohnungen waren vorhanden.

Der **Schwarzmarkt** lebte auch in Mühlhausen: Lebensnotwendige Tauschgeschäfte wurde in Höhe der **Thuringia-Lichtspiele** und der **Hauptpost**

durchgeführt. Markenfreies Abendessen für 30 Pfennig gab es ab Dezember 1948 in der **Blobachsecke**, wo die Volkssolidarität eine Wärmehalle errichtet hatte.
In Mühlhausen gab es 28 praktische Ärzte, 15 Fachärzte, 25 Zahnärzte, elf Hebammen und 210 Gesundheitshelfer. Im städtischen Krankenhaus sind fünf Ärzte, im Landesfachkrankenhaus 13 und in den drei Privatkliniken von Dr. **Schilling** am Lindenbühl 18, **Dr. Raeschke** am Böhntalsweg und Dr. Müller in der Erfurter Straße 18a insgesamt acht Ärzte tätig. Die Fabriken und Betriebe konnten schnell von der Kriegsproduktion auf Konsumbedarf und Investitionsgüter umgestellt oder wie einige ausgelagerte Webereien wieder eingerichtet werden.

Ab 1. Dezember 1949 gab es einheitliche **Lebensmittelkarten**, auf die unter anderem je zwölf Kilo Brot und Kartoffeln, je 900 Gramm Fleisch und Marmelade, 450 Gramm Fett, 1000 Gramm Nährmittel im Monat bezogen werden können. Ohne Lebensmittelkarten oder Bezugsschien konnte man erst ab Mitte Januar 1948 bei **Reinhold & Papst** einkaufen. Wegen des Andrangs musste sich die Polizei schon kurz nach der Kaufhauseröffnung um die Sicherheit der Menschenmenge kümmern. Immer wieder fanden **Kartoffelkäfer-Sammelaktionen** statt, um die Schädlinge von den Feldern zu kriegen. Die Straßenbahn fuhr alle 15 Minuten durch die Ober- und Unterstadt vom **Bahnhof** zum **Weißen Haus**.

Die drei Kinos **Thuringia**, **Central** und **Weiße Wand** (Bei der Marienkirche 12) hatten 1100 Sitzplätze. Täglich gingen durchschnittlich 2400 Menschen ins Kino. Immerhin 880 000 Besucher wurden im Jahr 1948 gezählt und, und, und ...

Strickerinnen der Firma Rathgeber in der Thälmannstraße 1947.

Die kleine Gruppe des Nikolai-Kindergartens 1949 mit den Erzieherinnen Ilse Ziehmke und Erna Pölitz.

BADEANSTALT AM LINDENBÜHL

ZWEI BRIKETTS FÜR EIN WANNENBAD

Frohe Nachkriegsbotschaft aus der Badeanstalt am Lindenbühl, die im Juli 1946 wieder eröffnete: Von Mittwoch bis Samstag konnten täglich ab 7.45 bis 20 Uhr Wannenbäder – maximal 300 pro Tag – genommen werden. Pro Badekarte mussten zwei große oder drei mittlere Briketts mitgebracht werden. Meistens aber standen die Leute vor verschlossenen Türen. „Wegen Kohlemangels geschlossen" musste sie lesen.

1870 hatte **Ferdinand Mischke** (1857–1913) das Hallenbad eröffnet, 1953 wurde die Familie enteignet. Die Wannen wurden von Einheimischen und Neubürgern gern für Reinigungsbäder genutzt.

Die Nachfrage war bei 50 000 Einwohnern sehr hoch. Die Badeanstalt wurde von der Stadt weiter betrieben. 1953 erfolgte eine Renovierung. Problematisch waren die ärztlich verordneten Bäder, die zu Lasten der Reinigungsbäder gingen. Besonders samstags herrschte großer Andrang. Eine neue Badeordnung legte dann Zeiten für medizinische Bäder fest. Doppelbäder durften nur von Ehepaaren oder Erwachsenen gleichen Geschlechts benutzt werden.

Badewannen im öffentlichen Bad waren lange Zeit wichtiger Anlaufpunkt für alle, die keine eigene hatten.

Ein Neubau blieb Utopie. Immer wieder gab es Probleme, obwohl sowieso nur die Wannenbäder in Betrieb waren. Nach großen Frostschäden musste die Badeanstalt bis April 1964 geschlossen bleiben. „Nationales Aufbauwerk" lautete das Zauberwort. Nun wurde das Schwimmbecken auf eine Länge von 20 Metern vergrößert. Kalt und ungemütlich war es weiterhin. Alle zehn Stadtschulen, zahlreiche Vereine, die Hochschule und die Armee nahmen es in Beschlag. Für das öffentliche Baden stand es an drei Wochentagen und am Wochenende für wenige Stunden zur Verfügung. Probleme machten insbesondere die großen, lichten Fenster. Bei Kälte konnte der Beckenrand nicht mehr genutzt werden. Die Negativliste war umfangreich.

75 Prozent der Altbauwohnungen ohne Bad

Die Mühlhäuser liebten dennoch – wie schon zu Mischkes Zeiten – ihr Hallenbad. 1966 gab es Störungen an der Heizung. Da immer noch 75 Prozent der Altbauwohnungen kein Bad hatten, sah ein Projekt neue Heizkessel und Wannenbäder sowie die Erweiterung durch Duschen und Sauna vor. Erneuert wurde nur die Kesselanlage und das Bad 1973 wieder eröffnet.

Schüler beim Baden im immer recht kalten Wasser.

„Bad der sozialistischen Jugend" mit Wettkampf- und Strandbecken.

Bis dahin hatten Kinder in der „**Georgi-Pfütze**“, im Keller der Georgi-Schule, das Schwimmen gelernt. Mit dem Hallenbad ging es zwölf Jahre gut. Ab 1. April 1985 wurde es baupolizeilich gesperrt. Im November 1987 erfolgte der Abriss. Noch zu DDR-Zeiten begann die Neuprojektierung für den Bautyp „Berlin“. Neueröffnung war 1998 am alten Standort. Die Bade-Alternative im Sommer war all die Jahre der „**Schwanenteich**“. Mit Kind und Kegel ging es an den Stadtrand.

Das Betriebsbad in Pfafferode war ein Geheimtipp. Betriebsfremde bedurften allerdings guter Kontakte, um eine Eintrittskarte zu bekommen.

Als die amerikanischen Truppen im April 1945 die Stadt eingenommen hatten, erging schnell ein Befehl an die Stadtverwaltung, das **Freibad** zu sanieren. Noch 1945 stand es an drei Wochentagen der Bevölkerung zur Verfügung. Ab 1954 begann der komplette Umbau. Im ersten Bauabschnitt wurden das Sportbecken und die Sprungtürme sowie die Filter-Chloranlage errichtet.

Das Strandbad war ein Jahr später fertig. Der gesamte Komplex hieß nun **Bad der sozialistischen Jugend**. Später kamen Umkleideräume und Außenanlagen dazu. Die vom Staat bereitgestellten 360 000 Mark reichten nicht aus. Deshalb halfen viele Freiwillige aus den Betrieben und leisteten 1954/55 mehr als 10 000 Stunden. 1957 wurde das neue Sportbecken mit den Kreismeisterschaften eröffnet.

In der Rodemannstraße entstanden Ende der 50er-Jahre die ersten Wohnungen.

JEDEM EINE WOHNUNG

AN DER GIEBELSEITE WOLLTE KEINER WOHNEN

Wohnungsnot war nach 1945 und später ein Thema. In Mühlhausen wurde in den 50er-Jahren mit der Erschließung neuer Wohnsiedlungen begonnen. „Jedem eine Wohnung", lautete die zentrale Losung. Die Arbeiter in den Großbetrieben gründeten Arbeiterwohnungsbau-Genossenschaften (AWG), den „Wohntraum" mit Küche und Bad erfüllte man auf traditionelle Weise mit „Stein auf Stein". Später wurde der Backsteinbau von der Großblockbauweise mit Platten abgelöst. Jede fünfte Mühlhäuser Wohnung ist nach 1945 entstanden. Los ging es mit vierstöckigen Wohnblocks mit Satteldach.

Küchenausstattung vom Feinsten.

„1960 angemeldet, 1963 eingezogen" war das Motto, viel schneller ging es nicht. „600 Stunden mussten geleistet werden und 2100 Mark als Genossenschaftsanteil eingezahlt werden", erinnert sich **Lothar Schiller**. Nach der Arbeit schwang er sich aufs Fahrrad und fuhr an den **Forstberg**. Auch samstags und sonntags trafen sich die Männer an der Baugrube, die mit Schaufel und Spitzhacke ausgehoben wurde. Unvergesslich die Lore, die auf Schienen Werkzeug und Material an die richtige Stelle brachte. Die Raten hatte Lothar Schiller schneller als notwendig eingezahlt. Das war ausschlaggebend für die Wohnungsvergabe. Parterre und an der Giebelseite wollte keiner wohnen.

In der Marcel-Verfaille-Allee waren Anfang der 60er die ersten Wohnhäuser fertig.

Der Lohn für kräftezehrende Feierabend- und Wochenendtätigkeit war eine 60-Quadrameter-Wohnung, gleichbedeutend mit zweieinhalb Zimmern. Eine Wanne im Bad, ein Durchlauferhitzer in der Küche, dazu eine Einbauküche für monatlich 3 Mark Mietaufschlag. Alle Zimmer mit Fenster. Drei Schiller-Sprösslinge sind im Kinderzimmer aufgewachsen – die Eltern Erika und Lothar wohnen noch heute im gleichen Eingang – mit fünf Familien aus dem Erstbezug.

Das Jakobiviertel 1962. In den 80er-Jahren wurde es größtenteils abgerissen.

Die Feldstraße vor dem teilweisen Abriss in den 70er-Jahren.

Zwischen 1956 und 1962 entstanden die ersten Wohnungen im Wohngebiet Rodemannstraße, Gierstraße, Lutherstraße, Mittelstraße, im Bahnhofsviertel, Birkenweg/Heinrich-Heine-Straße und Graßhofstraße, seit 1959 im Wohngebiet „**Aktivistenring**" und **Forstberg**. Doch damit war nicht Schluss: Ab 1970 fielen der Wohnungsnot Altbauten in der **Georgi-Vorstadt** und Gärten in der **Schmudesiedlung** zum Opfer: für neue Plattenbauten in der Feldstraße, Am neuen Ufer, An der Unstrut und Windeberger Straße West. Mehr Grün gab es im Wohngebiet **Gartenstraße**, wo Anfang der 80er-Jahre Fünfgeschosser, eine Kaufhalle, ein Kindergarten und ein Altenheim entstanden. Wie zuvor in der Feldstraße wurden im **Jacobiviertel** alte Häuserzeilen abgerissen. 1989/1990 wurde das Wohngebiet **Ballongasse** hochgezogen. Geplant war noch ein Neubaugebiet am **Rieseninger**. Doch diese Pläne blieben auf dem Reißbrett.

An der Burg entstanden zentrumsnah in den 80er-Jahren ebenfalls Plattenbauwohnungen mit besonderen Dächern.

Im Wohngebiet **Feldstraße** waren ab 1977 erstmals in Mühlhausen fünfstöckige Blöcke mit Fernheizung und Warmwasser in Plattenbauweise errichtet worden. Überall entstanden Sozialeinrichtungen wie Kindergärten, Spielplätze, Kaufhallen und Schulen – das nannte sich **komplexer Wohnungsbau**. Alle Wohnungen wurden von der **Wohnraumlenkung** im Rathaus verwaltet. In den Betrieben gab es Kommissionen für die Vergabe von Wohnungen. Selbst Wohnungstausch lag ausschließlich in staatlicher Hand. Die Anträge mussten von den Wohnungskommissionen bestätigt werden. Zwingende Gründe wie Kinder, Schichtarbeit oder gute Arbeitsleistungen mussten nachgewiesen werden. Ehen wurden früher als geplant geschlossen, um auf die Vergabeliste zu kommen. Eine Mühlhäuser Familie Müller freute sich zu früh – sie wurde Opfer einer Namensverwechslung – und musste die Zuweisung zurückgeben.

AN JEDER ECKE EINE BÄCKEREI

DIE MEISTEN WAREN IN PRIVATBESITZ

Kaum eine deutsche Stadt hatte bis in die 80er-Jahre so viele Bäcker und Konditoren wie Mühlhausen. Die Innung wurde im Jahr 1874 gegründet; es gab 49 Bäckereien. 1989 waren es noch 21. Alle staatlichen Versuche, Bäcker- und Konditorbetriebe in einer Produktionsgenossenschaft des Handwerks (PGH) zu organisieren, scheiterten Anfang der 70er-Jahre am Widerstand der Bäcker. Sie schickten immer wieder Gesellen zu Meisterkursen, trotzten staatlicher Bevormundung und retteten ihre Selbstständigkeit. In den 80er-Jahren war der Staat froh, dass die privaten Bäcker 75 Prozent des Bedarfs an Brot, Brötchen und Kuchen decken konnten. Versorgungsengpässe gab es nie. Höchstens Menschenschlangen vor allem an Samstagen.

Bäckermeister Fritz Feistel nach dem Krieg. Gut zu erkennen: Bleche für die Lohnbäckerei.

Viele Backstuben sind seit Generationen in Familienbesitz. Die älteste existierende Bäckerei wurde 1878 von Benjamin Burkhardt eröffnet. Die ältesten Backhäuser stehen am Untermarkt (von 1631) und am Steinweg 67 (von 1695/heute Marx). Nach Kriegsende wurde Richard Kaufmann als Innungsobermeister eingesetzt. 1947–1959 war Hermann Burkhardt im Amt.

Roggenmehl war knapp und nicht nur das

1948 gab es 64 private Bäcker. Als 1951 die Brot- und Brötchenmarken wegfielen, freuten sich die Bäckerfamilien. Das lästige Aufkleben fürs Amt für Handel und Versorgung entfiel. Mangel herrschte 1951 an Glühbirnen für Backöfen. Drei Stück gab es pro Betrieb bei Abgabe gebrauchter Sockel. 1953 war das Roggenmehl so knapp, dass nur eine Brotsorte gebacken wurde. Margarine und Zucker waren rati-

Bäckermeister Siegfried Marx 1984 mit Sohn Frank im Weihnachtsstress.

oniert. Die Rohstoffsituation war problematisch. Protokollführer Martin Lindner schrieb 1956 nach der Jahresversammlung:

„Wer mit seinem Heizmaterial am Ende ist, dem wird von Fall zu Fall weitergeholfen – jedoch erst nach Verbrennen der alten Möbel."

Lehrlinge mussten die 7. Schulklasse, ab 1964 die 8. Klasse geschafft haben, wenn sie in einer Bäckerei anfangen wollten. Ab 1959 übernahm **Kurt Stelzer** das Amt des Innungsobermeisters.1962 fehlte es an Edelrohstoffen und sogar an Milch und Zucker. Ein Eierkontingent von 3,8 pro Woche und Bäckerei sorgte für heftige Diskussionen. 1963 herrschte Kohle-Knappheit. **Horst Sorns**, gerade mal 20 Jahre alt, erhielt am 9. Juni 1963 den Meisterbrief und war jüngster Bäckermeister der DDR. Für Verärgerung sorgte 1966, dass die Lehrlinge nach der Kartoffelernte noch drei Tage zur Wehrerziehung aus den Backstuben abgezogen wurden. Der Montag wurde 1968 als genereller Schließungstag festgelegt. 1970 sollten Bäcker auf Marzipan- und Persipanrohmasse sowie auf Kuvertüre verzichten. Ein Dreipfund-Brot kostete 93 Pfennig, die Brötchen hießen „Fünfer" und „Siebener" (gemeint sind Pfennig). Die Preise entstanden durch „Stützung" bei Mehl und anderen Rohstoffen. Ein Pfund Vollkornbrot kostete 17 Pfennige. Wegen des geringen Umsatzes gab es Prämien, die der Rat des Kreises festlegte.
1972 kapitulierte der zuständige Kreisrat vor den uneinsichtigen Bäckern:

„Der Staat hat es nicht mehr nötig, die Bildung einer PGH zu erbetteln."

Jeder Bäckerei wurden Planvorgaben gemacht. Mittlerweile gab es noch 42. 1981 gab es noch 27 Bäckereien. **Rudi Weingart** wurde 1979 Innungsobermeister. Grüne Tomaten in Dickzucker wurden als Ersatz für Zitronat angepriesen. 1986 gab es 23 Bäckereien, weil **Helmut Stach** und **Horst Sorns** aus gesundheitlichen Gründen sowie **Erich Spiegler** – wegen eines Ausreiseantrages – schlossen.

Das älteste Backhaus von Mühlhausen am Untermarkt.

Die geselligen Bäcker hatten 1904 einen **Bäckerchor** gegründet. Das alljährliche „Hahnewackeln" ausschließlich für Männer findet seit Jahrzehnten statt. Warum das so heißt: In der **Hopfenblüte** am Untermarkt ging es bis in die Früh zum Hahnkrähen und dann auf sehr wackligen Beinen nach Hause.

BOXEN IN SELBST GEBASTELTEN SPORTSCHUHEN

PROFI-TRAINING IM CAFÉ HARO

Nach 1945 sorgten die Mühlhäuser **Willi Eger** und **Karl Eisenhut** für die Belebung des Boxsportes, der seit 1920 Tradition hat. Eger unterhielt einen Profistall, Eisenhut trainierte eine Jugendgruppe. Eine Mühlhäuser Boxstaffel stellte sich ab 1948 vielen Vergleichskämpfen. Die Jungen boxten ohne Hemden und in selbst gebastelten Sportschuhen. Das Training fand im Hinterhof Steinweg 2 statt – im eiskalten Tanzsaal des **Cafés Haro.**

1949 – erster Vergleichskampf im Westen

Im Juli 1949 schafften es die Mühlhäuser Boxer, mit einem Sammelpass die Grenze in Richtung Westen zu überqueren. Ziel war Eschwege. Mit dem Bus ging die Reise nach Arenshausen. Zu Fuß wurde der Schlagbaum passiert. Mit dem Armee-Lkw der Engländer ging es entlang der Werra bis Eschwege. Die Mühlhäuser waren die erste Ostmannschaft, die im Westen zu einem Vergleich antrat. Die Boxkämpfe fanden auf dem Schulhof der Berufsschule statt.

Die Staffel von „Motor Mühlhausen" mit Klaus Götz, Gerhard Zimmermann, Egon Schmidt, Lothar Wardecki, Adolf Fuchs, Wilfried Korm, Horst Liebetrau, Gerd Neubauer, Werner Jacobi, Gerhard Holz und Wilfried Kleidon (v. li).

Ab 1950 begannen die so genannten „Interzonenkämpfe". In Mühlhausen boxten die Größen aus Kassel, Essen, Köln, Hannover und Bremerhaven. Aber auch Kämpfer aus Rostock, Berlin, Erfurt stiegen in den Boxring im **Schwanenteichsaal**. 1951 kamen sieben Landesmeister aus Mühlhausen.

Der 18-jährige **Helmut Kühr** wurde 1952 in Schwerin DDR-Vizemeister. **Klaus Götz** kämpfte mit der DDR-Auswahl bei einem Länderkampf in Bulgarien.1953 wurde Götz ebenfalls DDR-Meister und durfte zu den Europameisterschaften in Warschau. Götz wohnte bis 1958 in Mühlhausen und danach in Berlin.
Mühlhausen galt seit 1950 als **Boxhochburg**. Mehr als 1000 Zuschauer kamen zu den Kämpfen. Die Eintrittskarten gingen weg wie warme Semmeln. Bürgermeister **Kurt Reichenbach** war Dauergast am Boxring.

Trainer Manfred Käppler mit Schützling Karl-Heinz Peters in den 60er-Jahren.

Mekka der Boxfans war der **Bürgergarten** (Spielbergstraße). Die Eger-Truppe blieb zwischen 1950 und 1954 ungeschlagen. Bei einem Kampf im Juni 1952 waren 2500 Zuschauer dabei, als **Einheit Mühlhausen** Hannover mit 12:10 schlug.

Jugendliche Boxer beim Training in der Petrischule.

Die Box-Sektion löste sich auf. 1958 kam es zur Neugründung durch Sportlehrer **Manfred Käppler** und Feldwebel **Gerhardt Mees**. Diese Boxstaffel startete als Sportverein **Vorwärts** und bestand aus Soldaten und Petrischülern. Es gab wieder Boxveranstaltungen und Erfolge. Ab 1964 starteten die Boxer für die BSG **Lokomotive**. Bald stellten sich weitere Erfolge ein: **Jens Kürschner** wurde 1968 DDR-Vizemeister. Dritte Plätze erreichten auch **Hans Koch** (1974), **Norbert Kirchner** (1975,1976), **Roby Peters** (1975), **Ronald Lang** (1976). Lang wurde 1977 DDR-Vizemeister. **Peter Gottschalk belegte** 1979 den 3. Platz bei der Spartakiade. DDR-Meister wurde **Rigo Faber** (1975). Boxer aus Mühlhausen waren mit anderen Vereinen sehr erfolgreich: **Karl-Heinz Felgner** (Turbine Erfurt/1966), **Rolf Urbach** (Motor Görlitz 1971) und **Andre Wolf** (ASK Vorwärts Frankfurt/Oder 1988 und 1989) wurden DDR-Meister.

BACH, SAWADE UND MEHR –

MÜHLHÄUSER MUSIKGESCHICHTEN

Wie das einjährige Wirkens Johann Sebastian Bachs (1707/08) die Mühlhäuser Musikgeschichte beeinflusst hat, darüber kann nur spekuliert werden. Die Mühlhäuser sind musikalisch und lieben Chorgesang. Schon bald nach Kriegsende 1945 gründeten sich viele Chöre neu, im April 1947 gab es erstmals Mühlhäuser Musiktage. 1953 nahm die Musikschule in der Eisenacher Straße 14 ihre Arbeit auf. Der Städtische Chor, der Handwerkerchor und der Volkschor Frohe Sänger gehörten neben dem Bachchor und dem 1946 gegründeten Städtischen Orchester von Musikdirektor Erich Kley zu den Säulen des Mühlhäuser Musiklebens. Hinzu kam 1958 ein von Kley gegründeter „Freundeskreis Kammermusik".

Ein Auftritt folgte dem nächsten, der Bachchor beim Heimspiel 1959.

Bach (1685–1750) war nur kurz als Organist an der Divii-Blasii-Kirche in Mühlhausen tätig. Während dieser Zeit hatte der Kirchenmusiker die „Ratswechselkantate" komponiert. Im Stadtarchiv ist die Disposition für die Orgel der Divii-Blasii-Kirche im Original vorhanden. Diese Orgel wurde 1959 fertig gestellt und zum 36. Bachfest in Mühlhausen eingeweiht.

Der Posaunenchor während des Bachfestes 1959.

Kirchenmusikdirektor **Heinz Sawade** (1912–1984) hatte bereits 1948 den Bachchor Mühlhausen gegründet, der vorwiegend aus Laien besteht, die das Lob Gottes in der Musik begeistert. Sawade selbst erfreute 1960 bis 1980 von Juni bis Oktober die Mühlhäuser mit wöchentlichen Orgelkonzerten. Ein Höhepunkt für den Chor war das Bachfest 1959 der Neuen Bachgesellschaft.

Der Bachchor hatte früh mit den Vorbereitungen begonnen. Mitglieder erinnerten sich Jahrzehnte später: Gäste aus ganz Deutschland, ja sogar aus dem Aus-

Heinz Sawade an der Orgel.

land sollten in die Bachstadt kommen. Vor allem Sawades Beharrlichkeit war es zu verdanken, dass der Chor das Heimspiel mit Bravour bestritt.
Es gab auch staatliche Störfeuer. Beispielsweise wurde den Studenten des Pädagogischen Institutes das Mitsingen verboten. Die Schüler der Oberschule durften aber mitproben. Das zählte als gesellschaftlich-kulturelle Tätigkeit. Vier große Auftritte hatte der Chor während des Bachfestes: das Eröffnungskonzert, die Johannespassion, die Mette und den Festgottesdienst. Trotz Stresses verlor Sawade nicht seinen Humor. Weil sich sogar das Gewandhausorchester Leipzig zwei Fehleinsätze bei einem Konzert leistete, trat eine gewisse Entspannung bei allen Beteiligten ein. Für den Gesang in der Marienkirche, wo Müntzers „Pfingstlaudes" und Distlers „Deutsche Messe" interpretiert wurden, gab es viel Lob. Sawade war es gelungen, den Rat der Stadt zu überzeugen, dass der westdeutsche Organist **Helmut Walcha** spielen sollte. Sawades Argument: „Das ist der Oistrach des Orgelspiels." Seinem Auftritt lauschte der Bachchor von der Seitenempore der Divi-Blasii-Kirche. „Ein ergreifendes Erlebnis", erinnert sich die damals 18-jährige **Almut Staude.** Der Mauerbau 1961 verhinderte, dass es zeitnah eine Neuauflage des Bachfestes gab. Bis 2009 mussten die Mühlhäuser warten.

DIE TITELHAMSTER

AM „GRÜNEN TISCH" GEHT DIE POST AB

Am grünen Tisch von Mühlhausen geht die Post ab. Seit Jahrzehnten ist die Kreisstadt verrückt nach Tischtennis. Ausgelöst hat diesen Enthusiasmus die 1951 gegründete **BSG Post,** dem heutigen **Postsportverein.**
Die sensationelle WM-Bronzemedaille von Stockholm 1957 des Postangestellten **Heinz Schneider** lockte die Jungen scharenweise an die Platten und sorgte für eine Euphorie in der Kleinstadt, in der schon länger Tischtennis gespielt wurde. Der bescheidene und beliebte **Heinz Schneider** (1932–2007) ist der bekannteste Mühlhäuser Sportler und gilt als ostdeutsche Tischtennis-Legende.
Mit dem dritten Platz 1957 bei den Weltmeisterschaften in Stockholm beim letzten gemeinsamen Auftritt eines gesamtdeutschen Teams krönte er seine Karriere. Für sein Engagement im Tischtennissport wurde Schneider später in die «Hall of Fame» des Deutschen Tischtennis-Bundes (DTTB) aufgenommen.
Auch national schrieb Heinz Schneider Tischtennis-Geschichte. 1952 gewann er als 19-Jähri-

Heinz Schneider in seinem Element.

ger bei den gesamtdeutschen Meisterschaften in Berlin als Erster im Einzel, Doppel und Mixed. Bis 1961 wurde er sechs Mal DDR-Einzelmeister und sammelte 21 Titel. Heinz Schneider nahm an acht Weltmeisterschaften teil. Er begann seine Karriere 1946 bei **Blau-Weiß Mühlhausen** (später Post Mühlhausen).

Empfang für den Deutschen Meister Heinz Schneider 1952 am Mühlhäuser Bahnhof.

1989 machte er wieder Schlagzeilen, als ihm die Ausreise zur WM nach Dortmund verweigert wurde, zu der ihn der DTTB zusammen mit der zweiten ostdeutschen Tischtennis-Ikone Gabriele Orgis-Geißler (1969 Vizeweltmeisterin) eingeladen hatte. Sein Protestbrief an den DDR-Staatschef Egon Krenz öffnete dem späteren Ehrenbürger von Mühlhausen (2002) und Orgis-Geißler die Grenze, die dann kurze Zeit später endgültig fiel. Mit 17 Jahren Nationalspieler, gewann er mit 23 als erster Deutscher eine Medaille bei einer Tischtennis-WM. Schneider war bis zum 66. Lebensjahr aktiv.

Die erste Post-Männermannschaft mit **Heinz Schneider, Peter Schmidt, Manfred Lier, Hans Becker, Wolfgang Zimmermann, Gerhard Prell** und **Siegbert Fuhrmann** sowie später mit **Jürgen Hoffmann, Jürgen Mischok, Dieter Schindler, Gerhard Kreil** und **Walter Grüning** war als Gegner gefürchtet und erfolgreich. Sie krönte sich 1968 mit dem Meistertitel. Selbst Tiefpunkte wie den Abstieg 1960 überstanden die Ballartisten gut.

Tischtennisspieler der BSG Post Mühlhausen. Die Namen der Spieler waren leider nicht zu ermitteln.

STUDENTENSTADT MÜHLHAUSEN

VON DER MÄDCHENSCHULE ZUM LEHRERSEMINAR

Das steinerne Gebäude am Schillerweg wurde 1946 als Mädchenoberschule und Zentralschule für die umliegenden Dörfer genutzt. Am 1. September 1949 zogen 200 Neulehrer ein, um sich in Biologie/Chemie und Mathematik/Physik auf die zweite Lehrerprüfung vorzubereiten. Die Turnhalle diente als Speisesaal. Mühlhausen wurde für vier Jahrzehnte eine kleine Studentenstadt.

Mitunter konnte man die künftigen Lehrer bei Hausaufgaben und Seminarvorbereitungen in Kneipen wie der **Klause** (Feldstraße), der **Eiche** (Friedrich-Engels-Straße), der **Blume** (August-Bebel-Straße) und der **Puppenstube** (Erfurter Straße) sehen. Natürlich gab es einen **Studentenklub** und eine **Mensa** (in der Spielbergstraße). Genutzt wurde auch das **Jugendklubhaus** (Geschwister-Scholl-Heim). Als Geheimtipp in den 60ern galten das **Monte Carlo** (Brunnenstraße) und die **Ranch**, wo gespielt und gezockt wurde.

Zocken im Monte Carlo und in der Ranch

Studenten auf dem Weg zu den Hörsälen.

Bis 1952 qualifizierten sich 1150 Lehrer. Durch Umbau des Dachbodens konnten zusätzliche Räume gewonnen werden. 1953 wurde das Pädagogische Institut (PI) gegründet. 150 Abiturienten nahmen ein Studium auf. 1954 erfolgte die Gründung einer zentralen Hochschulbücherei in einem Seminarraum. Dieser war alles: Arbeitsraum, Magazin und Ausleihe. Der Bestand war 1965 auf fast 30 000 Bände angewachsen. Fünf Mitarbeiterinnen um **Inge Jorcik**, Leiterin von 1962–1994, kümmerten sich in den 60er-Jahren um den Büchereibetrieb.

1955 wurden 90 Studierende für Chemie/Biologie immatrikuliert. Zwei Jahre später gab es erstmalig Studenten für Mathematik. Mit der DDR-weiten Einführung des polytechnischen Unterrichts 1958 wurde dafür auch in Mühlhausen ausgebildet. 1957 gab es sieben Lehrstühle – von Marxismus-Leninismus bis zur Chemie-Methodik. Die Studenten wurden in sechs oder acht Semestern zu Fachlehrern ausgebildet. Ab 1969 gehörte das PI zur Pädagogischen Hochschule „Theodor

Das Team von der Hochschulbücherei.

Das „Kartoffelkäferinstitut" für die Bio-Lehrer.

Neubauer" Erfurt/Mühlhausen. 1957 wurde das **Deutsche Haus** (Wanfrieder Straße 182) zum Wohnheim ausgebaut.
In der Bibliothek waren in den 70er-Jahren acht Frauen tätig. 1975 standen 40 000 Bücher und 1988 sogar 52 000 Bücher in den Regalen am Schillerweg und in der Thälmannstraße, wo im „Kartoffelkäfer-Institut" künftige Biologielehrer ausgebildet wurden. Von 1955 bis Anfang der 90er-Jahre absolvierten etwa 3500 Lehrerstudenten eine Ausbildung in Mühlhausen. Dieser Standort wurde 1990 geschlossen; der in Erfurt wurde 2001 in die Universität Erfurt eingegliedert.

MÜHLHÄUSER GASTLICHKEIT –

EIN RUNDGANG

Gastlichkeit war nie ein Problem in Mühlhausen. Nach Kriegsende 1945 waren Lokale, Cafés, Gaststätten, Speisewirtschaften und Hotels schnell wieder geöffnet. Das **Parkhaus Tonberg** warb beispielsweise 1948 als Tanzlokal, die Gaststätte **Schützenberg** mit Unterhaltung und Gartenaufenthalt.

Maifeier im Parkhaus am Rieseninger 1954.

Entlang des Steinweges luden zur Einkehr ein: das **Haus Bürgerschenke** von **Paul Sauer** (Nr. 75), mit Konzert und Tanz mittwochs, samstags und sonntags; das **Café Haro** (Nr. 2), das nach seinem Wirt **Horst Haro** benannt wurde und später das Elektrofachgeschäft Tatarczyk beherbergte. Das **Stadt-Café**, Ecke Grasegasse, mit eigener Konditorei, das **Café Thuringia-Haus**; und der **Postkeller** (Nr. 6), der nach seiner Sanierung 1969 von der HO betrieben wurde.
Zum Nachbar wurde ab 1970 als **Broiler-Gaststätte**, ab 1975 mit Straßenverkauf betrieben. Nach einer Grundsanierung von 1980 bis 1985 eröffnete der neue Gaststättenleiter **Willi Frank** den „Nachbarn" wieder.

Rossgulasch bei Blättermann ...

Beliebt war Martha Blättermanns **Burgstübchen** (Burgstraße): Buletten und Gulasch vom Ross hatte sie auf der Speisekarte. „Auf ein Bier" lud **Hermann Stein** in die **Markthalle** Bei der Marienkirche 10 ein. Das Haus schloss Ende der 70er-Jahre. **Richard Kaufmann** führte ab 1946 das Speisehaus **Weintraube** am Petristeinweg 14. **Elise und Kurt Orschel** boten im Café **Klosterhof** in der Brückenstraße 29 Tee, Kaffee, Schokolade,

Vors Stadtcafe (im Hintergrund) wurden in den 80ern Stühle und Tische gestellt.

Fleischbrühe, Eis und Gebäck an. Das **Central-Palast-Café** wurde zunächst von **Albert Libuda** und dann von der HO geführt. Ab 1988 gab es eine Kino-Bar mit 36 Plätzen.

... und Feingebäck bei Schikore

Albert Pook lud ins **Café** (Erfurter Straße 1) ein. Richtig bekannt wurde das Haus ab 1955 als **Konditorei-Café Schikore**, das von **Charlotte** und **Walter Schikore** und ab 1975 von Sohn **Ulf-Detlef Schikore** weitergeführt wurde. Bis heute locken selbstgemachtes Feingebäck und Platz für 100 Gäste. Das **Café** von Bäcker **Artur Sasse** (Röblingstraße) war bis 1990 ein Anziehungspunkt, ebenso **Eisenhardts Lokal** (Schaffentorstraße), die **Popperöder Quelle**, das **Prinzenhaus**, die **Gaststätte Schwanenteich**.
Fleischbrühe zu jeder Tageszeit bot **Edit Becker-Hipius** (Untermarkt 35) – heute **Mälzerhof**. Hinzu kamen der **Rote Hirsch** (Wanfrieder Straße) und **Drei Rosen** (Johannisstraße 5/6), die **Fidele Ecke** (Gierstraße), die **Fröhliche Einkehr** (Kasseler Straße 21) das **Feldschlösschen** (Schadebergstraße 54), die **Gute Quelle** (Wagenstedter Straße), **Haupts Bierstube** (Felchtaer Straße 14), **Heyers Schankwirtschaft** (Waidstraße 14), die **Hopfenblüte** (Untermarkt 34), die Gaststätte **Gambrinus** (Mittelstraße 138); die **Jacobischenke** (St. Jacobi 25) und **Kleinschmidts Gastwirtschaft** (Holzstraße 19). Aus dem **Deutschen Eck** (Wanfrieder Straße 43/44) entstand später die **Hubertusklause**. Der **dolle Hamster** hieß im Volksmund der **Coburger Hof** (Sondershäuser Straße).

... das beste Frühstück der Stadt

Tradition hat **Schreibers Schankwirtschaft** (**Linda Schreiber**) in der Ammerstraße 83/84, wo sich später der **Ammersche Bahnhof** etablierte. In der

Kneipe **Zum Tannhäuser** (An der Burg 3) und in der **Mitropa-Gaststätte** am Bahnhof gab es das beste Frühstück der Stadt. Vor allem Kohlenfahrer trafen sich morgens zum Imbiss im **Tannhäuser**. Die Gaststätte **Stadtpark** (Rieseninger Berg), **Weinbergschlösschen** (Altenburgstraße 22) und das **Volkshaus** (Bastmarkt 17) hatten ebenfalls geöffnet. Nicht zu vergessen die **Fixbar** am Kiliansgraben, wo seit 1958 schnell und gut gespeist werden konnte. Etwas abseits lagen **Peterhof** und **Waldschlösschen**.

Haus des Handwerks am Stadtberg.

Hotels gab es genug: Hotel **Grüne Linde**, **Central-Hotel** (Kornmarkt 2), Hotel **Deutsches Haus** (Wanfrieder Straße 182), **Hotel Reichshof** (August-Bebel-Straße 51), **Schlenkers Hof (**Untermarkt), Hotel **Schwarzer Adler** (Langensalzaer Straße 1), **Preußischer Hof** (Untermarkt 11, **Goldener Stern** und **Goldener Löwe** (Obermarkt) und die **Gaststätte Viktoria** (Bahnhof) mit Hotelbetrieb. Das letzte private Hotel (**Bahnhof-Hotel**) schloss 1969.

Faschingsfeier in der „Hubertusklause".

1963 hatte Mühlhausen 69 Gaststätten. Damit war nicht Schluss. Im Februar 1969 öffnete der **Postkeller** am Steinweg wieder. 1974 wurde die **Breitsülze** der öffentlichen Nutzung übergeben. In den 80er-Jahren waren Gartenkneipen und Wohngebietsgaststätten Geheimtipps, wie auch die **Pilsener Bierstube,** der **Stadtberg** mit tollem Blick oder die **Schadebergklause** der Familie Thiem.

SCHÜRZEN FÜR HAUSFRAU …

TEXTILGESCHICHTEN AUS MÜHLHAUSEN

In der Textilindustrie standen viele Frauen in Lohn und Brot. In Schichten, mit Kittelschürzen und Haarnetzen bekleidet arbeiteten sie mehr als 40 Stunden pro Woche. Die **Westthüringer Kammgarnspinnerei** (WKM) produzierte Garne für die Hausfrau, für die Möbelindustrie und für Strickereien und Wirkereien. Der Volkseigene Betrieb (VEB) wurde immer

Modell stand dieses Mädchen Ende der 60er-Jahre.

moderner, die Produktionshallen in der Thomas-Müntzer-Straße immer größer. Neue Garne (Hochbausch), Mischgarne aus synthetischen Fasern und Wolle wurden hergestellt.
Der größte Warenproduzent der Stadt war der VEB **Cottana** Mühlhausen, der 1968 aus zwei großen Baumwollgewebeproduzenten, dem VEB **Clara Zetkin** Mühlhausen und dem VEB **Nordtex Bleicherode** entstand. Die rund 3300 Beschäftigten waren in 24 Werken im Bezirk Erfurt tätig. Cottana war Alleinhersteller von Baumwollköper für Berufsbekleidung und für Inletts. Er spezialisierte sich auf Arbeits- und Berufs-

VEB Cottana 1969 (Heizwerk).

Großes Interesse bestand an der Technik in der Cottana-Weberei.

bekleidung, technische Gewebe für die Schmirgelindustrie. Zwei Webereien, eine hochmoderne Textilveredlung „In der Klinge" und eine Stoffdruckerei in Arnstadt produzierten bis zu 150 000 Quadratmeter Stoff am Tag für die Weiterverarbeitung in Konfektionsbetrieben.
Im angliederten **Bekleidungswerk** (Bahnhofsstraße) wurden die bekannten Dederon-Kleider und Kittelschürzen hergestellt. Das Ehrenkleid jeder Hausfrau war damals in. In die Sowjetunion gingen blaue Kittel, so genannte „Rasno-Kittel" – „Rasno" hieß der sowjetische Außenhandelsbetrieb. 1986 kamen 700 Vietnamesen dazu, die wichtige Produktionshelfer waren.

Knallfarben in den 70er-Jahren

Aus vielen Strickereien der Stadt entstand der VEB **Mülana** mit mehreren Betriebsteilen. Die privaten Strickereien hatten nach dem Krieg sofort mit der Produktion begonnen. Materialknappheit und politische Umstän-

de brachten die Werke schnell in Treuhand oder staatliche Verwaltung. Zuerst wurden die Werke **Rathgeber, Böttcher** und **Laufer** zum VEB **Einheit** zusammengeschlossen. In den Folgejahren kamen Strickereien und Wirkereien wie von **Albin Aulepp** (Brückenstraße) und die von **Alfred Oberthür** (Alter Blobach) hinzu.
Vier **Einheit-Werke** gab es in der Thälmann-, Feld-, Wagenstedter Straße und am Alten Blobach. Der seit 1971 bestehende VEB Obertrikotagen Mühlhausen firmierte mit **Mülana**. Mehr als 2000 Menschen bedienten die hochmodernen automatischen Strick-, Wirk- und Konfektionsmaschinen als Alleinhersteller von hochmodischen Frauen-Obertrikotagen. Mit neuen Schnitten und Knallfarben setzte Mülana in den 70er-Jahren Zeichen.

Mülana machte Mode, die auffiel und begehrt war.

Auf ihre Produkte konnten die Mülana-Frauen stolz sein.

Die Modellzahl wurde vergrößert, die Stückzahl verkleinert. Der Einheitslook war nicht mehr gewollt. 250 verschiedene Modelle stellten die 2500 Mitarbeiter her. 1984 kamen die **Mühlhäuser Strickmoden** mit sechs Produktionsstätten hinzu. Mehr als 80 Prozent der Pullover und Strickjacken wurden exportiert. Im Inland wurden die Modelle im **Exquisit** zu unverschämt hohen Preisen angeboten. Die größte Abnehmerin war die Sowjetunion. 30 bis 40 Kunden im Westen kauften bei **Mülana**: **Neckermann**, **C&A**, **Adler, Minimax, NKD und Ernstings Family**. Der letzte Auftrag, bevor die Treuhand die modernste Strickerei Deutschlands abwickelte, kam 1990 von **Quelle.**

RASEN WAR VERPÖNT –

OBST, GEMÜSE UND BLUMEN BEGEHRT

Um der Enge der eigenen vier Wände zu entfliehen und sich mit Obst, Gemüse sowie Blumen zu versorgen, entstanden nach 1945 weitere Kleingartenanlagen. Neue „Parzellen des Glücks“ gab es 1946 am **Danielsberg** (61 Gärten), an der **Breitsülze-Quelle** (77) und (82) am Thomas-Müntzer-Park die **Rosenanlage** sowie die Anlage **Kasino** (Windeberger

Beim Spartenheim in der Anlage Grünland packten 1974 alle mit an.

Genug Platz fürs Urlaubmachen.

Landstraße). Auch in bestehenden Anlagen wurde nach dem Krieg jedes Fleckchen Erde wie nie zuvor genutzt.

Weil der Hunger groß war, wurden aus Schrebergärten Wirtschaftsgärten. Erst als die Versorgung besser wurde, nutzten die Familien ihre Gärten mehr für Erholung und Freizeit. Allerdings war Rasen verpönt und alle achteten genau darauf, dass die Lauben nicht zu groß und genug Beete auf der Parzelle angelegt wurden. Wer drei Kinder hatte, durfte sich mit seiner Laube auf 30 Quadratmetern ausbreiten. Ansonsten war 25 die magische Flächenzahl.

Es dauerte nicht lange, und kleine gemütliche Häuschen lösten die Geräteschuppen ab. Die Laubenpieper bauten so, wie sie an Backsteine, Kies und Holz herankamen. Später wurden Lauben von Fertigteilbungalows ersetzt – die kosteten bis zu 7000 Mark, waren nicht für jeden erschwinglich. Doch die Bungalows im Grünen wurden immer anziehender. Der Garten war eine beliebte Freizeitbeschäftigung und eine Urlaubsalternative. Die Wartezeiten auf eine Parzelle waren fast so lang wie die für ein Auto oder eine Wohnung: sieben bis acht Jahre. Bis zu 80 Bewerber standen auf der Warteliste für eine frei gewordene Parzelle. Die Vorstände in den Anlagen waren nicht zu beneiden.

Eine Schaukel gehörte in jeden Garten.

Propangas und Campingkocher

Ab 1959 standen die Gärten unter Regie des Verbandes der Kleingärtner, Siedler und Kleintierzüchter (VKSK). Kaninchen oder Kanarienvögel waren erlaubt. In den Kolonien dampfte es zur Mittagszeit, wenn das Essen auf den Kohleöfen warm gemacht wurde. Mit Propangas und Campingkochern entspannte sich der Gartenalltag. Erst recht mit Stromanschlüssen. Diese stellten für Kleingärtner eine Herausforderung dar. Der Strom war im **Grünland** ab 1979 vorhanden, Stromkabel aber Mangelware. Da musste ein Vorsitzender seine vielfältigen Beziehungen spielen lassen, um an Kabel für die Parzellen heranzukommen.

„Wintersalat war der absolute Renner"

Angesichts wachsender Versorgungsschwierigkeiten in den 60er- und 70er-Jahren wurde die Kleingartenbewegung immer wichtiger für den Alltag. Porree, Spinat, Rosenkohl und Kohlrüben wurden den Kleingärtnern in den Aufkaufstellen aus den Händen gerissen. „Wintersalat war der absolute Renner", erinnert sich Gartenfreund **Günter Herpe**, viele Jahre Chef des „Grünlandes" und seit 1958 Pächter. Weil die Aufkaufpreise über dem Verkaufspreis lagen, war es ein lukratives Geschäft für fleißige Kleingärtner. So genannte Kleinerzeuger brachten körbeweise Stachelbeeren, Äpfel, Rhabarber und Kohlrabi zur OGS (Großhandelsgesellschaft Obst, Gemüse, Speisekartoffeln). Süßkirschen wurden zentnerweise zu Aufkaufstellen gebracht.

Ein Paradies für Kinder war auch die Anlage Windeberger Kreuz, hier Anfang der 70er-Jahre.

1978 und 1980 entstanden Kleingartenanlagen am **Thomas-Müntzer-Park, Forstberg,** an der **Breitsülze**, an **Schneidemühlenweg** und **Rieseninger.** Als ein Wettbewerb zwischen den Anlagen ins Leben gerufen wurde, verschwand der Rasen wirklich aus den Gärten. Die auf dem Papier stehenden Kilos Obst und Gemüse entsprachen oft nicht der tatsächlichen Menge. Die Aussicht auf Prämien machte die Kleingärtner großzügig beim Ausfüllen der Listen.
Viele Kleingärtner waren Selbstversorger und verbrachten den ganzen Sommer in den Parzellen. Wenn das Wasser angestellt wurde, füllten sich die Gärten. Wer sich zu DDR-Zeiten den Garten als Nebenwohnung in den Personalausweis eintragen ließ, darf heute noch „übersommern". Er genießt Bestandsschutz.

„PRAHLKUCHEN" UND ANDERE ÜBERRASCHUNGEN

FESTZUG DURCH DIE STADT

Das **Brunnenfest** wird als eines der ältesten Schulfeste Thüringens seit Beginn des 17. Jahrhunderts in Mühlhausen gefeiert: an den Quellen der Stadt – in **Popperode** und an der **Breitsülze.** Der Überlieferung nach gelang es 1605, durch Bittgottesdienste und Blumenopfer die versiegte Quelle wieder zum Sprudeln zu bringen. Seither wird die Rückkehr des Wassers gewürdigt.

Die Rosenhofschule 1954 auf dem Weg zur Breitsülze.

Im Juni 1946 feierten die Mühlhäuser an allen fünf Sonntagen das erste Brunnenfest nach dem II. Weltkrieg an **Popperöder Quelle** und **Breitsülze.** 7000 Schüler waren dabei. Bei allen Brunnenfesten kam den Vätern über viele Jahre eine besondere Rolle zu: Sie mussten am Vorabend an der Quelle einen Platz ausmachen und die benötigten Gartenstühle und Tische besetzen. Sie hüteten diese nachts, um am nächsten Tag Sitzgelegenheiten für die Familie zur Verfügung zu haben. Zum Zeitvertreib spielten sie Karten und wärmten sich mit Schnaps auf. Manche schliefen ein und wunderten sich, dass am Morgen Stühle fehlten. Sie hätten sie mit Ketten sichern oder ans eigene Bein binden müssen.

„Prahlkuchen" statt echte Kuchen

Anfang der 50er-Jahre ging es an der Popperöder Quelle sehr festlich zu.

Anderntags zogen die Familien zur Quelle und hatten alles auf dem Handwagen, was für die Kaffeetafel nach der Quellfeier benötigt wurde: Geschirr, Tischdecke, Kaffee zum Aufbrühen, Kuchen. Selbstversorgung war vor allem aus Sparsamkeitsgründen angesagt. Dass so genannte „**Prahlkuchen**" auf den Tischen standen, war dem Geldbeutel und der Tradition geschuldet. Man

wollte angeben und verheimlichen, dass es zu einem echten Kuchen nicht langte.
Vor der Quellfeier bewegte sich der Festzug zur Quelle – auch bei sengender Hitze ging es auf einen bis zu drei Kilometer langen Fußmarsch quer durch die Stadt. Die Mädchen trugen weiße oder bunte Kleider und geflochtene Blumenkränze im Haar. Die Jungen kamen in weißen Hemden, dunklen Hosen und schwarz-gelben Schärpen, entsprechend der Stadtfarben. Blumensträuße, Blumenstöcke und riesige Blumenbögen schmückten den Zug.
An der Quelle angekommen, wurden Steine an die Sträuße und Blumenstöcke gebunden. Während der Feierstunde dankte der Schulchor für die Wasserspende. Das Lied **Oh Tag der Freude** durfte bei keinem Brunnenfest fehlen. Nach der Festrede verließen die Kinder die Treppenstufen, um tausende Blüten in die Quelle zu werfen. Dabei passierte es, dass ein Strauß mit einem Stein so ungeschickt geworfen wurde, dass ein Kind am Kopf getroffen wurde.

Hände in den Stütz. Die Tänze wurden vorher viele Stunden geübt.

Jungen aus der POS VIII mit ihren Blumenstöcken.

„Herr Schmidt, Herr Schmidt"

Anfang der 50er-Jahre war kein Geländer um den Quellenrand vorhanden. Recht häufig musste deshalb ein Kind aus dem Wasser gezogen werden. Unvergesslich sind die Tänze auf der Wiese, die auf dem Schulhof eingeübt wurden. Wie die Kleidung sind die Tanzschritte zu

1962 ging es wie immer zu Fuß nach Popperode.

„Herr Schmidt, Herr Schmidt" aus der Biedermeierzeit und die zum „Kleinen Schelm" überliefert.
Zum bunten Treiben gehörten Fußball-, Handball- oder Volleyballspiele, aber auch viele Buden und Stände, wo Eis, Bratwurst und Lose verkauft wurden. Wirbel hat es um die Wundertüten von **Freytag** gegeben, in denen sich mal richtige Schusterahlen – eigentlich nichts für Kinderhände – befanden.
Nach Abriss der Gaststätte **Popperöder Quelle** 1963 fand der gesellige Teil am **Schwanenteich** statt. 1964 wurde die Quelle endlich mit einem 1,20 Meter hohen Gitter versehen. Nach 1980 rückten Wohngebietsfeste in den Vordergrund. Dennoch feierte beispielsweise die POS VII 1982 und 1988 ein Brunnenfest.

STRASSENBAHN ADE

AB MORGEN BUSVERKEHR DURCH DIE OBERSTADT

Eine Linie führte über den Steinweg.

Kurz vor Weihnachten 1898 war sie in Betrieb gegangen und wurde schnell zum Stolz der ganzen Stadt: Die Straßenbahn erlebte Höhen und Tiefen, den Ausbau, die Stilllegung und Wiedereröffnung von Teilstrecken. Nach 1945 wurde dem Fuhrpark wenig Beachtung geschenkt. Es fehlten Geld und Material. Die Kosten zur Erhaltung der Bahnen und Schienen stiegen deutlich an. 1956 verschlang jeder Wagen mehr als 3200 Mark, die bis zur Stilllegung auf 4000 Mark anstiegen. Zehn Millionen Mark hätte die Stadt ein neues Straßenbahnnetz gekostet. Die Umstellung auf Busverkehr nicht einmal zwei Millionen Mark. Der Verkehr auf dem Steinweg und auf der Fernverkehrsstraße 249, die über den Untermarkt führte, stellte die Straßenbahn in Frage.
Sogar die Sperrung drohte im April 1967 der Strecke Schwanenteich–Popperode. Hochwasser am Teich gefährdete den Gleisunterbau. Die

Viele Jahre gehörte die Straßenbahn zum Untermarkt.

Mühlhäuser wollten nicht aufs „großstädtische Verkehrsmittel" verzichten. Der Rat des Bezirkes teilte Ende 1967 mit, dass die Stadt vier Ikarus-Busse erhält, wenn die Oberstadtlinie bis 1968 eingestellt würde.
Am 5. Juli 1968 durften die Mühlhäuser ihrer Lokalzeitung entnehmen: „Ab morgen Busverkehr durch die Oberstadt". Es entwickelte sich ein Durcheinander an den Haltestellen. Ein Gerücht besagte: Ein neuerer Vorschlag sei der Grund, dass die Straßenbahn nicht mehr fahre. So hat es **Bernd Mahr** im „Nachruf" 40 Jahre später formuliert. In den „Mühlhäuser Beiträgen" bedauerte er das „Verschwinden einer alten Dame", die nur 71 Jahre alt wurde.

Stillgelegt und am Schwanenteich abgestellt.

Damit war nicht Schluss: Ein Jahr später, am 26. Juni 1969, wurde die Unterstadtlinie bis zum Wald eingestellt, die Schienen ausgebaut und eingeschmolzen. Oberleitungshalterungen an Hauswänden waren die letzten Erinnerungen an die Straßenbahn. Deren Fahrer und Mitarbeiter wurden vom VEB Kraftverkehr übernommen und zu Omnibus- und Taxifahrern umgeschult.

TANZSCHULE GERDA RÜPPELL

EINS, ZWEI, WECHSELSCHRITT

Hemd, Krawatte, Rock, Verbeugung und reichlich Manieren. Die Tanzschule von **Gerda Rüppell** in der Wahlstraße war ein Muss und ein unvergessliches Erlebnis für mehrere Generationen 15- und 16-Jähriger. Bis zum großen Abschlussball im **Volksgarten** wurden Standard und lateinamerikanische Tänze eingeübt. Immer wieder hieß es „Eins, zwei, Wechselschritt". Geduldig und fordernd übte die Tanzlehrerin mit den Eleven. Die

Präsentkorb fürs Tanzvergnügen 1970.

Beim Abschlussball durfte bis Mitternacht getanzt werden.

Musik kam von Band oder Schallplatte. Später erklang sie auch in Gemeindesälen des Landkreises. Schulleiter der Landschulen hatten sich bei der Tanzpädagogin gemeldet.
Den Stein ins Rollen gebracht hatte der 16-jährige Stiefsohn, der 1956 vorschlug, seiner ganzen „Penne-Klasse" das Tanzen beizubringen. Zu diesem Zeitpunkt hatte Gerda Rüppell den Tanzlehrerschein für Gesellschaftstanz in der Tasche. Es begann eine drei Jahrzehnte währende Erfolgsgeschichte. Erst 1987 hat die leidenschaftliche Pädagogin den Tanzboden verlassen – mit 62 Jahren.

Mitten unter ihren Schülern, das liebte Gerda Rüppell (1968).

1989 stellte sie einen Ausreiseantrag, weil sie in Mühlhausen zwei Jahre vergebens auf eine Zwei-Raum-Wohnung gewartet hatte. Seitdem lebt Frau Rüppell in Kassel. Mit der Formation „Astra" hatte sie eine eigene Kapelle für die Bälle und eine Gärtnerei für die Dekoration des Saales. Zum Ball gab es Blumen für die Tanzpartnerinnen, die von zu Hause abgeholt wer-

1979 trug man wieder längere Kleider.

den mussten. Da es nicht genug Autos und ausreichend Blumen gab, war das eine Herausforderung für die Eltern. Rechtzeitiges Erscheinen zum gemeinsamen Festessen gehörte genauso zur Rüppell'schen Philosophie wie Tischkarten.

Mit den Blumen in der einen und dem Partner an der anderen Hand schritten die Tanzeleven zu Ballbeginn los. Die Aufregung war groß, Herzklopfen normal. Die vier Paare, die vornweg liefen, hatten die meiste Verantwortung. Danach kamen die Verbeugung der Herren und mit dem Wiener Walzer der schwierigste Tanz. Im Unterricht immer „eine Katastrophe", erinnert sich Gerda Rüppell an den schwersten der Standardtänze. Bis zirka 23 Uhr folgten weitere sieben Runden – je ein Tanz der Schüler und einer der Eltern. Bis Foxtrott, Tango, Rumba, Cha-Cha-Cha, Blues und Rock 'n' Roll durch waren. Nicht zu vergessen die klassische Gruppenaufnahme – Gerda Rüppell saß traditionell in der Mitte der unteren Reihe. Von 23 bis 24 Uhr war dann „freies Tanzen".

Abschlussball ausgefallen

Während der Tänze stand sie aber auf der Bühne und achtete darauf, dass niemand in die Disko nebenan verschwand, dass alle ihre Krawatten umbehielten und nicht zu viel Alkohol getrunken wurde. Die Kellner waren entsprechend geimpft. Aus zwei Frauen bestehende Tanzpaare holte sie sofort vom Parkett oder lotste schnell zwei Männer zu ihnen – zum Abklatschen. Lange Kleider waren vor allem die ersten Jahre ein Muss, später folgten kniebetonte Kleider und sogar Petticoats – alles immer sehr festlich. Die Jungen hatten oft ihre Jugendweihe- und Konfirmandenanzüge getragen. Vor den Übungsstunden hatten sie die Krawatte noch schnell umgebunden und nach deren Ende schnell wieder in der Hosentasche verschwinden lassen.

Die Kleider von Frau Rüppell nähte die Mühlhäuser Schneiderin **Lotti Krakau** – mit „Tüll" aus Kassel. Einmal mussten die Mütter der Tanz-

schüler zweimal Blumen besorgen. Nämlich 1981, als der Tanzstundenball der **Wilhelm-Pieck-Oberschule** und der **Thomas-Müntzer-Oberschule** kurzfristig abgesagt wurde, weil die Saalheizung einen Defekt hatte. Der Ball wurde später nachgeholt.
Geknistert hat es in der Tanzstunde immer wieder. Erste kleine Flirts waren normal. Manchmal wurde mehr daraus. Für die Mauerblümchen unter den Mädchen hatte Frau Rüppell eine Lösung parat: Ältere, ehemalige Schüler stellten sich für den Ball bei freier Kost und Eintritt gern zur Verfügung.

SPIELMANNSZÜGE REICHLICH

Wettspiele mit Lyra, Trommel und Signalhorn

Dort, wo die Kirmes gefeiert wurde, gab es auch Trommler oder gar einen Spielmannszug. Doch Spielleute wollten mehr als nur Kirmesmusik machen – sie wollten an Wettkämpfen teilnehmen. Deshalb wurden Lyra, Horn und Flöte angeschafft und beherrschen gelernt. 1960 schlossen sich die Spielleute der **Kirmesgemeinden Petristeinweg/Rimbach** und **Brückenstraße** zusammen und gründeten einen Spielmannszug „Medizin" des Bezirksfachkrankenhauses Pfafferode. Erster Stabführer wurde **Heinz Gläsner** (1921–1986).

Beginn einer Erfolgsära 1982.

Schon am 1. Mai 1961 waren die natürlich komplett weiß gekleideten Spielleute das erste Mal öffentlich zu erleben. Erste Achtungszeichen waren die Titelerfolge auf Bezirksebene 1963 und 1965 sowie Platz 3 bei der DDR-Bestenermittlung 1966. Ein Jahr später konnte vor heimischem Publikum der Sieg unter den besten 15 Spielmannszügen der DDR gefeiert werden.

Hochburg der Spielmannszüge

Angesichts solcher Erfolge träumten viele Mädchen und Jungen von öffentlichen Auftritten, Reisen und natürlich Medaillen. 1969 gründete „Medizin" einen Nachwuchszug mit Kindern aus der Kirmesgemeinde „Kräuter/Tilesiusstraße". Unter Anleitung von **Rolf Lorenz** und **Uli Wiedenroth** kam es 1970 zum ersten Auftritt und bei der Bezirksmeisterschaft in Suhl zum Titelgewinn. Mühlhausen hatte sich zur Hochburg für Spielleute gemausert. Zeitweise spielten drei Züge der Stadt in der Sonderklasse, der Oberliga für Spielleute. Neben **Medizin** waren mit **Lok** (1968) und **Sachsensiedlung** (1964) weitere Spitzenzüge entstanden, die alljährlich bei der Musikschau der Stadtkirmes zu erleben waren und sich als Rivalen zu Erfolgen trieben. „Medizin“ gewann 1970 die erste DDR-Meisterschaft vor Lauchhammer und Zeitz. Eine nicht wiederholbare Erfolgsserie begann: Mühlhausen selbst war zwei Mal Gastgeber für eine DDR-Meisterschaft: 1975 (Erwachsene) und 1984 (Nachwuchs).

Der erfolgreiche Medizinnachwuchs 1974.

Bereits 1976 wurde der Erwachsenenspielmannszug als „Mannschaft des Jahres“ von den Sportjournalisten des Bezirkes Erfurt geehrt. 1979 wurde aus finanziellen Gründen aus **Medizin Union** mit dem Röhrenwerk als Trägerbetrieb. Viele aus dem Nachwuchszug spielten inzwischen bei den Erwachsenen mit. Bis 1989 wurde der Union-Nachwuchs zwölf Mal DDR-Meister.

Musikschau 1980 auf dem Untermarkt.

Der Spielmannszug **Sachsensiedlung** hatte 1964 beim Brunnenfest der Rosenhofschule seine Premiere. Der vierte Platz bei der Bezirksmeisterschaft 1973 war ein erster Erfolg. Mit der Schule Ammern wurde ab 1974 Nachwuchs gewonnen. Bei der ersten Teilnahme an einer DDR-Meisterschaft gelang ein achter Platz. Die Kinder schafften 1981 den Aufstieg in die Sonderklasse.

Lok war 1968 gegründet worden und ging aus dem Trommlerzug der Kirmesgemeinde **Zöllnersgasse** hervor. **Günter Würfel** und **Walter Mülverstedt** hatten ihn 1948 aktiviert und in den 60er-Jahren die Ausbildung von Hornisten und Flötisten vorangetrieben. Später kümmerten sich **Manfred** und **Klaus Schäfer**, **Lutz Thiele**, **Paul Ahke** und zunächst auch **Heinz Gläsner** um die Spielleute. Auch „Lok“ hatte einen guten Einstand und wurde 1968 Dritter im Bezirksmaßstab. Zwischen 1976 und 1989 nahm die Mannschaft an allen DDR-Meisterschaften teil.

Spielmannszüge gehörten 1975 fast schon zum Stadtbild.

Ab 1975 gab es einen Kinderzug. Der große Coup gelang nach der Wende – mit der Ernennung zum **Stadtspielmannszug.**
Die weitaus größeren Erfolge hatte Union erreicht. Im Erwachsenenbereich wurden sie 15-mal DDR-Meister. Die Wende 1989/90 ging an der Spielleutehochburg Mühlhausen nicht spurlos vorbei: Die Reihen der Erwachsenenzüge lichteten sich. Der Lok-Nachwuchszug wurde aufgelöst. Im Sommer 1990 wurde aus **Union** der **1. Mühlhäuser Spielleuteverein 1960 e.V.**

DIE BRAUT AUS DEM WESTEN

FAMILIEN-ZUSAMMENFÜHRUNG MIT HINDERNISSEN

Die Geschichte beginnt wie ein Märchen, passierte aber wirklich: Ein 23 Jahre alter Bäckersohn aus Mühlhausen reiste im Herbst 1955 in den Westen, um die Konditor-Fachschule in Köln mit Meisterprüfung zu absolvieren. Eine solche Schule gab es in der DDR nicht – deshalb die weite Reise. Die nötigen D-Mark mussten vorher verdient werden. Von Januar bis April 1957 hielt sich der Bäcker in Köln auf und lernte seine spätere Frau, eine Fachverkäuferin aus Bochum, kennen. Er kehrte ins elterliche Geschäft in Mühlhausen heim. Die Braut siedelte vor der Heirat im August 1957 in die DDR über. Trotzdem wurde sie kurz vor Weihnachten 1957 ins „Auffanglager für Westflüchtlinge" in Eisenach geschickt. Eine Reise zwischen Weihnachten und Silvester zur Mutter nach Bochum wurde abgelehnt. Eine Eingabe an Ministerpräsident **Wilhelm Pieck** ermöglichte der Frau doch noch eine Reise. Dann kam der Mauerbau im August 1961. Die Grenzen waren dicht. Was die Eheleute damals nicht ahnten:

Durch dieses Meisterstück hat ein Mühlhäuser seine Liebe fürs Leben kennen gelernt.

Zwischen 1961 und 1973 war kein Besuch in der Heimat der Frau möglich, wo alle ihre Verwandten lebten. Ab 1973, als Reiseerleichterungen galten, wurden in dringenden Fällen und unter Vorlage eines ärztlichen Attestes, kurze Reisen erlaubt. Allerdings durfte immer nur sie reisen – er nicht! Selbst zur Beerdigung der Schwiegermutter 1976 durfte er nicht mit. Da die Frau das Erbe aus Bochum im Container in die DDR bringen lassen musste, reichten die wenigen genehmigten Aufenthaltstage nicht aus.

Als die Frau zwei Tage überfällig war, musste der Mann auf dem Volkspolizeikreisamt Rede und Antwort stehen. 12 Jahre später (1988) erlaubten die DDR-Behörden anderen Ehepaaren gemeinsame Besuche im Westen. Die Frau des Bäckermeisters, die solchen Paaren im Zug begegnet war, berichtete nach der Rückkehr davon. Als ihr Mann sich beim Volkspolizeikreisamt beschwerte, wurde ihm gesagt: Er solle die Namen der „gemeinsam reisenden" Paare nennen. Das kam für die Mühlhäuser nicht in Frage – das hätte nur den anderen Paaren geschadet. Für die Eheleute war die Wende eine Erlösung und eine ganz besondere Familien-Wiedervereinigung.

AFFEN AUF DEM STEINWEG

... NICHT MEHR ZU BÄNDIGEN

Wenn die Straßenbahn am oberen Steinweg entlangfuhr, waren die Augen der Fahrgäste zumeist auf zwei sehr lebendige Ausstellungsstücke im Fenster eines Fotogeschäftes gerichtet. Der Käfig mit den beiden Affen gehörte zum **Fotoatelier Petrowsky** – seit 1955 in der ersten Etage des Hauses Nummer 82.

Herbert Petrowsky mit seinen Lieblingen.

Die Äffchen stammten aus Frankfurt und dem Zoo Hamburg-Hagenbeck. Petrowskys Mutter hatte einen Affen von der Nordseeküste geholt. Auch das Weibchen war in Gefangenschaft, bevor sie nach Mühlhausen kam. In ihrer neuen Heimat trieben sie bis Anfang der 60er-Jahre ihr Unwesen auf

Foto-Petrowsky auf dem Steinweg 1955 (rechts).

dem Steinweg. Sie gehörten zur Familie wie woanders Hunde und Katzen. Sie wohnten in dem Haus, wo sich das Fotogeschäft befand. Fotografiert wurden sie selten. Mit ihnen Fotos zu machen, war riskant. Kunden, die es versuchten, machten schlechte Erfahrungen. Eine Hundebesitzerin bekam das zu spüren: Das Affenmännchen hatte den Schäferhund gewürgt und nicht wieder losgelassen.

Bereits der Vater von **Herbert Petrowsky** hatte Affen, was eine gewisse Affinität zu diesen Tieren erklärt. Als die Tiere 1963/64 in die „Pubertät" kamen, sich untereinander nicht mehr vertrugen und vom Herrchen nicht mehr zu bändigen waren, brachte sie Herbert Petrowsky in den Stadtzoo nach Grimmen an die Ostsee. Dort soll mal ein Wärter angegriffen worden sein, als er dem Männchen eine Banane in den Käfig reichte. Die Affenliebe hielt auch über größere Entfernung. Als die Familie nämlich Ende der 60er-Jahre einen Abstecher an die Ostsee machte, brüllte das Männchen schon von weitem – es soll wohl sein früheres Herrchen aus Mühlhausen wiedererkannt haben.

DIE ALLJÄHRLICHE ANGST VOR ESELSOHREN

BREZELN MIT ZUCKERGUSS

Am Gründonnerstag werden in den Bäckereien in und um Mühlhausen süße Brezeln aus Hefeteig mit Zuckerguss verkauft. Es heißt, wer in Mühlhausen an Gründonnerstag keine Brezel isst, bekommt Eselsohren. Für die Mühlhäuser Bäckerzunft ist der Gründonnerstag mit einem lukrativen Geschäft verbunden: Weil jeder Mühlhäuser nach einer Überlieferung an diesem Tag vor Ostern eine Brezel essen muss, werden tausende Exemplare in den Backofen geschoben. Wer am Gründonnerstag ohne Brezel bleibt, dem wachsen spätestens am Karfreitag Eselsohren. Deshalb wird von Mittwoch an in jeder Mühlhäuser Backstube das Hefeteigprodukt mit Glasur oder Streuseln in verschiedenen Größen angeboten. Mindestens 1000 Stück produziert jede Backstube. Andere Gebäckstücke werden an dem Tag zwar auch angeboten – gehen aber nicht so gut über den Ladentisch wie die Brezeln. Getreu dem Sprichwort: „Willst du nicht sein ein Eselein, so kaufe dir am Gründonnerstag ein Brezelein", werden die leckeren Teigwaren bis heute angeboten.

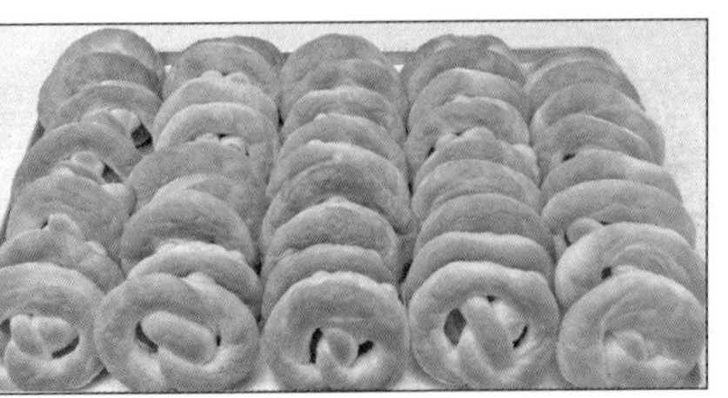

Brezeln sind am Gründonnerstag in Mühlhausen Massenware.

Die Autorin selbst zog in den 60er- und 70er-Jahren als Kindergartenkind und später als Schulkind am Donnerstagmorgen mit einer Brezel um den Hals los. Manche Lehrerin gab zu der Zeit ihren Schülern auch mal einen Zwanzig-Mark-Schein für den Gang zum Bäcker, und der Unterricht war vergessen.
Der Ursprung des Brezelbackens ist nicht mehr genau feststellbar. Historiker und einige Bäcker bringen die Brezel mit der Fastenzeit in Verbindung. Dass Brezeln früher als „Fruchtbarkeitssymbol" galten, könnte ebenso eine Begründung sein.

BÖLLER AM STEINWEG –

GARDINENLADEN BRANNTE

In den ersten Minuten des neuen Jahres 1971 brach in den Räumen des Textilwarengeschäftes „**Waegner**" am Steinweg 83 ein Brand aus. Die Eigentümer waren nicht zu Hause, feierten unweit vom Wohn- und Geschäftshaus den Jahreswechsel. Einer von insgesamt fünf Feuerwerkskörpern hatte in dieser kalten Silvesternacht die Schaufensterscheibe durchschlagen. Die Löscharbeiten verzögerten sich vor allem durch zugefrorene Hydrantendeckel. Die Schläuche platzten, das Feuer dehnte sich aus, und es entstand ein Brandschaden von 110 000 Mark. Die Rakete war in die synthetischen Gardinen geflogen, die lichterloh und schnell in Flammen aufgingen.
Nach dem Krieg hatte **Friedrich Beyrodt** – er war 1947 aus der Gefangenschaft zurückgekehrt – gemeinsam mit seinem Onkel **Alfred Waegner** das Geschäft geführt. Gegründet hatte es 1888 dessen Großvater **Georg Waegner**. Nach Alfred Waegners Tod machte Beyrodt allein weiter. 1968 schloss

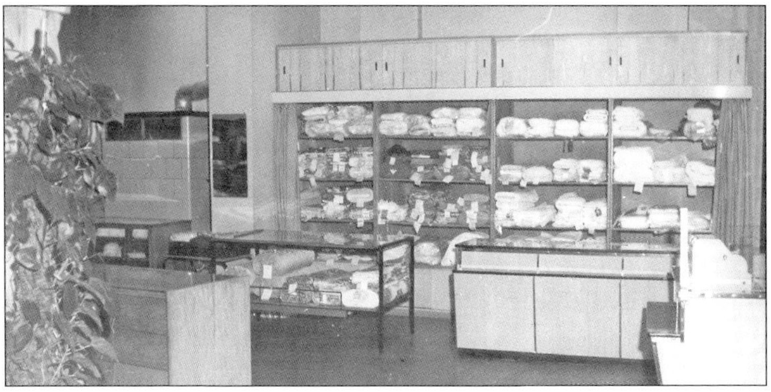

Bei Waegner war vor dem Brand alles gut sortiert.

Vorher: So sah der Waegner-Laden normalerweise aus.

Nachher: Ergebnis einer Silvesternacht.

er mit der HO einen Vertrag als Kommissionshändler ab. Neben dem Warenbestand war die komplette Einrichtung zerstört worden. Was nicht verbrannt war, wurde durchs Löschwasser beschädigt. Der Laden musste modernisiert werden. Glücklicher Umstand für den Händler: Die Ware gehört nicht ihm.
Es dauerte bis Oktober 1971, bis das Geschäft für Raumtextilien und Putzwaren wieder eröffnen konnte. Für Friedrich Beyrodt war es schwierig, außerplanmäßig neue Gardinen, Stoffe, Hüte, Mützen, Schals zu besorgen. Er reiste herum und bettelte um Kapazitäten, die nicht vorhanden oder schon verplant waren. Viel schwieriger als Handelsware waren Handwerker zu kriegen – auch sie waren ein Jahr im Voraus „bilanziert". Die Reste des Warenbestandes wurden während der Renovierungsarbeiten im hinteren Bereich verkauft. Überall roch es verbrannt. Für viele Mühlhäuser blieb „Waegner" als „gebrannter Laden" in Erinnerung. 1986 übernahm die HO den Laden selbst.

DISKOTANZ IM „VOLKSGARTEN" …

UND SCHWOFEN IM „U-BOOT"

Die einzige Jeans, eine schicke Bluse, Rouge und Lippenstift waren angesagt, wenn's samstags auf die Piste ging. Rechtzeitiges Erscheinen und gute Kontakte sicherten die besten Plätze in den Mühlhäuser Diskotheken. Jedes Wochenende war am Zentrum der Jugend (**Volksgarten**), im **Pionierhaus** oder **Mensa**, manchmal auch im **Haus der DSF** was los. Später öffneten die Jugendklubs wie **Postkelle**r, **Mülana-Jugendtreff** oder der **WKM-Jugendklub**. Die Fans stiegen aufs Moped und reisten den Diskoteams hinterher – mal nach Felchta, Reiser, Ammern, Horsmar, Körner oder gar nach Berlin.
In Mühlhausen tummelten sich eine Handvoll junge „Schallplattenunterhalter" wie **Thomas Köhler**, **Thomas Hesse**, **Hans-Jürgen Thomas**, **Uwe Achtert**, **Michael Langhammer**, **Hartmut Vier** und **Heiko Thiele**, **Detlef Hilke** und **Gerald** („Charly") **Braun**, Als Teams „UM 75", „ZJ"

Zentrum der Jugend – Treff für alle Jugendlichen und Junggebliebenen.

und „Apart 2000" standen die Diskotheker im Rampenlicht und wurden zu Publikumslieblingen einer ganzen Generation. Das Team „**Apart 2000**" zum Beispiel war aus der Arbeitsgemeinschaft (AG) „Disko" des **Pionierhauses** entstanden. Bei AG-Chef **Michael Wirth** durften die Jungen, die selbst noch Lehrlinge waren, auch schon ohne Einstufung Platten auflegen. Später wechselten sie ins **Zentrum der Jugend**, spielten dort mal in der großen, mal in der kleinen Disko.

„Apart 2000" lockte die Massen.

Ab 1976 waren sie fast jedes Wochenende auf einer Saalbühne zu erleben. Mit Musik von „Deep Purple", „CCR" und „Jethro Tull" sowie Diskofox rockten sie die Bühne. Für viele Diskotheker war die Flower-Power-Zeit die schönste ihres Lebens. In den 80er-Jahren wurde die „Neue Deutsche Welle" aufgelegt.

Fürs Musikprogramm war ein Titelmix von 60 zu 40 Prozent mit hauptsächlich DDR-Musik vorgeschrieben. In Wirklichkeit wurde nur 10 Prozent DDR-Musik gespielt. Dank des öffentlich-rechtlichen Rundfunks in Hessen waren die Diskotheker auf dem Laufenden. Einheimische Musik stammte beispielsweise von den **Puhdys**,

Da war kaum noch Platz im Saal.

Im Hotelkeller war das U-Boot.

City, **Ute Freudenberg** und anderen. Wenn die Ost-Titelquote eingehalten wurde, wussten alle: „Die Diskotheker werden heute neu eingestuft." Das passierte alle zwei Jahre. Dann gab es die „Pappe", die Spielerlaubnis, neu. Diese war die Voraussetzung für sämtliche Diskoveranstaltungen. Bis 1000 Leute tummelten sich regelmäßig auf dem Tanzparkett. Viele kamen jedes Wochenende. Zu thematischen und an Konzerte gekoppelten Diskofeten.

Die reifere Jugend traf sich im **Central-Café**, in der **Thuringia-Bar**, am Stadtberg oder im **U-Boot**. So hieß die Tanzbar im Keller des **Hotels Stadt Mühlhausen**. Das U-Boot hatte von allen Tanzbars am längsten auf und garantierte Live-Musik. Gepflegte Kleidung war vorgeschrieben. Es gab Stammgäste und welche, die einen Abend hier ausklingen lassen wollten.

„International" wie die Getränkekarte waren die Gruppen, die dort spielten. Gut in Erinnerung ist das Trio **Fantasio** aus Rumänien, das von 1977 bis 1990 oft bis in die Morgenstunden spielte. Drei Titel, eine Pause, drei Titel ...

„Fantasio" spielte von 1977 bis 1990 im U-Boot. Ein Musiker blieb in Mühlhausen wohnen.

Musik bis in die Morgenstunden gab es im „Thuringia".

„CC" (Central-Café), das heiße Pflaster für alle Suchenden.

BEI DER FAHNE IN MÜHLHAUSEN

WOHNUNGEN FÜR SOLDATEN

Viele DDR-Bürger kennen die Stadt aus ihrer Armeezeit. „Ich war bei der Fahne in Mühlhausen", können viele behaupten und meinen den Grundwehrdienst von 18 Monaten für alle Männer bis 50 Jahre. In der Stadt gab es nach 1945 drei militärische Standorte. Acht Gebäude am Wendewehr, zwei an der Görmarschen Landstraße und das Kasino wurden im Herbst 1947 von der sowjetischen Kommandantur an die Stadt übergeben. Die Kaserne an der Windeberger Landstraße wurde gesprengt. Während der Sprengungen wurde 1949 die kasernierte Bereitschaftspolizei installiert und 400 Männer an der Görmarschen Landstraße untergebracht. Bis 1956 gehörten 1170 Mann zum Infanterieregiment 22 der Kasernierten Volkspolizei. 1956 wurde daraus das Motorisierte Schützenregiment 22 der Nationalen Volksarmee (NVA).

Die Übergabe der Traditionsfahne an das Mot. Schützenregiment.

Kinderbesuch bei den Grenztruppen Anfang der 80er-Jahre.

Sowjetsoldaten waren allerdings selten im Stadtbild zu sehen.

Um den Armeedienst attraktiver zu machen, wurden Offiziere und Unteroffiziere bevorzugt mit Wohnungen versorgt. Hierfür wurden 1955/56 Neubauten an der Görmarschen Landstraße und später an der Wagenstedter Straße zur Verfügung gestellt. Das Kasino an der Windeberger Landstraße wurde ab 1969 für viele Jahre als Frauenklinik genutzt.
1962 hatte das Motorisierte Schützenregiment 2000 Mann, von denen 1300 in der Görmar-Kaserne und 700 im Objekt „B-Lager“ am Stadtwald stationiert waren. Die Schießausbildung fand im Flachstal oder auf dem Truppenübungsplatz Weberstedt statt. 1963 gehörten 16 Grenzkompanien zum Grenzregiment 1 in der Rosenhof-Kaserne. Der zugeteilte Abschnitt an der deutsch-deutschen Grenze erstreckte sich von Berlingerode bis Kleintöpfer.

Schwofen im Central-Café

Wenn Soldaten aus ihrer Mühlhäuser Truppenzeit plaudern, erinnern sie sich auch gern ans „**CC**“ (**Central-Café**), wo viele – wenn auch nicht immer unbedingt dauerhafte – Beziehungen angebahnt wurden.
Von 1945 bis 1991 gab es eine Garnison der „Roten Armee“ an der Martinistraße und hinterm Neuen Friedhof – abgeschottet vom DDR-Alltag.

SÜSSIGKEITEN ZUM SCHULANFANG –

UND SPÄTER GING'S INS FERIENLAGER

Krippe und Kindergarten waren die Wegbegleiter fast aller Mühlhäuser Kinder. Die Muttis gingen nach dem Babyjahr arbeiten. Betreuungsplätze waren rar.

Spaziergang mit Krippenkindern 1967 in der Forstbergstraße.

Trotz Kapazitätserweiterung in den Neubaugebieten konnte der Bedarf nicht gedeckt werden. Deshalb schufen die Betriebe eigene Betreuungseinrichtungen durch Um- oder Ausbau von Gebäuden. Manchmal wurde auch neu gebaut.

Strickanzug und Lederranzen. 1972 kam man so in die Schule.

Mit sechs, sieben Jahren begann auch für die Mühlhäuser Kinder der „Ernst des Lebens". Üblicherweise gab es mindestens eine Zuckertüte, die die Eltern besorgen und füllen mussten. Diese Zuckertüte für die Abc-Schützen konnte nicht groß genug sein. Deren Füllung mit Süßigkeiten war jedoch eine regelrechte Herausforderung. Monate vorher begannen die Mütter mit dem Sammeln von Bonbons, Schokolade und anderen Köstlichkeiten.

In der **Schmudesiedlung** landeten die teuren und begehrten Pralinen aus dem „Russenmagazin“ im elterlichen Schlafzimmerschrank – gut verpackt in Tüten. Riesige Pralinen waren das – einfach lecker. Vier Wochen vor dem großen Ereignis, das immer am 1. September stattfand, schaute die Mutter der Schulanfängerin noch einmal nach. Sie griff in einen leer gefutterten Beutel und war entsetzt.

„Russenpralinen“ – ... alles weg!

Der Verdacht fiel zunächst auf die sechsjährige Tochter. Überführt werden konnten aber zwei Enkelinnen, die die Sommerferien bei den Großeltern im gleichen Haus verbrachten und Zutritt zum Schlafzimmer hatten. Allerdings war das Problem nicht gelöst. Die Zuckertüte konnte nicht leer bleiben, die neue Ration „Russenpralinen“ wurde aber besser versteckt.

Turnspaß im Kindergarten am Forstberg.

Der Ernst des Lebens begann

Chorsingen machte bei Ute Umbach immer viel Spaß. Auch 1987.

Die Schulzeit war gut durchorganisiert: Höhepunkte waren der 1. Mai, der „Tag der Volksarmee“ (1. März), der „Pioniergeburtstag“ (13. Dezember), der Kindertag (1. Juni). Es gab Herbst-, Winter, Frühjahrs- und Sommerferien. Im Juli und August waren Sommerferien, die mit Aufenthalten im Ferienlager, bei Großeltern, Urlaub mit den Eltern und Ferienspielen ausgestaltet wurden.

Mit Winkelementen bei der Maidemo 1954.

Fast jedes Kind war Mitglied der Pionierorganisation, wurde „Junger Pionier“ und später „Thälmann-Pionier“, ab achter Klasse wurden fast alle Mitglieder der Freien Deutschen Jugend (FDJ). Gut zu erkennen an der weiß-blauen Kleidung, den blauen und roten Halstüchern sowie den blauen FDJ-Hemden. Diese Halstücher wurden sogar mit ins Ferienlager genommen, regelmäßig getragen wurden sie bei Fahnenappellen oder als „Pionier vom Dienst“.
Mit neun Jahren feierten Mühlhäuser Kinder ihre Erstkommunion, auf die sie sich außerhalb der Schule auf ihre Christwerdung vorbereiteten. „Religion“ als Unterrichtsfach war undenkbar und nicht gewünscht. Mit 14 Jahren hieß es für fast alle Jugendliche: in den Kreis der Erwachsenen aufgenommen zu werden.

Erinnerung an die Erstkommunion 1977.

Jugendweihe 1967. Mit der Sowjetunion auf der Hauptstraße.

Einige Jahre später gab es einen neuen Leitspruch bei der Jugendweihe 1978.

Die Jugendweihefeiern wurden dann mit zahlreichen Veranstaltungen vorbereitet. Die Feier selbst war ein Familienfest mit staatlichem Gelöbnis. Manche 14-Jährige feierten im gleichen Jahr ihre Konfirmation oder Firmung. Sie nahmen an der Jugendweihe nur teil, um keinen Ärger zu bekommen.

Ärger bekamen Schüler einer siebenten Klasse, weil sie während einer Klassenfahrt nach Gießübel im Thüringer Wald zum Sonntagsgottesdienst gingen. Eine Mitschülerin, die kein Geheimnis aus ih-

Öffentliches Glaubensbekenntnis: Konfirmation bei Pfarrer Danz 1980.

rem christlichen Glauben machte, nahm sie mit. Für alle, die aus Neugier mitgingen, war es ein aufregend schönes Erlebnis. Raus kam es, weil irgendjemand sich verquatscht hatte.

Bezahlter Haushaltstag

Jede Mutti erhielt neben dem gesetzlich vorgeschriebenen Urlaub monatlich einen bezahlten Haushaltstag. Der freie Tag musste jeden Monat genommen werden. Außerdem standen im Betrieb „Frauenruheräume" zur Verfügung, die von einer Krankenschwester oder dem Betriebsarzt betreut wurden. In den Betrieben wurden die Werktätigen in Kantinen mit Getränken, Frühstück und warmem Mittagessen versorgt. Eine Portion kostete zwischen 90 Pfennig und 1,10 Mark. Obwohl Werkküchenessen nicht den besten Ruf hatten, wurde die Einrichtung von der Mehrheit genutzt. Neben der werkseigenen Essenversorgung betrieb die Konsumgenossenschaft oder die HO für „Waren des täglichen Bedarfs" Betriebsverkaufsstellen. Das war für die Beschäftigten eine wesentliche Erleichterung im täglichen „Kampf" um die Versorgung der Familie. Wenn auch manchmal produktive Zeit dabei verloren ging.
Das Angebot war im Vergleich zur allgemeinen Versorgungslage etwas besser. Der Großhandel musste die Betriebsküchen und Betriebsverkaufsstellen bevorzugt beliefern. Manchmal auch mit Bananen.

Ferienlagerspaß in Ershausen – Stammobjekt des VEB Kinderfahrzeuge.

Die betriebseigenen Ferienobjekte waren neben den Kleingärten für die Werktätigen willkommene Angebote, von der Arbeit zu entspannen, ohne viel Geld auszugeben. Hatte man einen Ferienplatz ergattert, ging es mit dem „Trabi" an die Ostsee oder in den Thüringer Wald. Auch hier musste man gute Leistungen in der Produktion und in der gesellschaftlichen Arbeit nachweisen, um einen Platz zu bekommen. Eine Kommission des Betriebes verwaltete die betriebseigenen Plätze. Schichtarbeit, gute Leistungen oder die Kinderzahl gaben den Ausschlag. Ein Durchgang in den betriebseigenen Ferienlagern dauerte zwei Wochen. Viele Betriebe tauschten ihre Plätze untereinander, sonst hätten Kinder jedes Jahr nach Linde am See, Ershausen, Lichtenhain ... fahren müssen.

EHEMALIGE GESCHÄFTE AM STEINWEG

ERINNERUNGEN

Mit dem **Freien Markt** war es 1945 auf dem **Blobach** losgegangen. Bauern und Betriebe durften „freie Spitzen“ anbieten. 1948 wurde die Handelsorganisation (HO) gegründet. Das bisherige Kaufhaus „**Reinhold & Pabst**“ durfte als erster freier Laden Ware zu höheren Preisen anbieten.

Erster freier Laden ohne Lebensmittelkarten.

Es folgten weitere HO-Läden im Stadtgebiet. Auch der **Konsum** blieb wegen der Rabattmarken eine beliebte Einkaufsquelle. Die HO übernahm nach und nach mehr Läden. Zunächst öffnetn **Kioske** mit Tabak, Süßwaren und Spirituosen, die sich später zu kleinen Lebensmittelläden entwickelten.
Neben den HO- und Konsum-Verkaufsstellen gab es zahlreiche private Geschäfte wie Fleischereien und Bäcker. Tante-Emma-Läden wie **Strehlow** (Arbeitsdank), **„Krahn“** (Liebknecht-Straße) oder **Goletz** am Blobach hatten trotz neuer Selbstbedienungsläden nichts von ihrer Anziehungskraft eingebüßt. 1958 fielen die Lebensmittelkarten weg. Der Einheitliche Verbraucherpreis (EVP) galt jetzt.

Mit Leuchtreklame sollte der Steinweg auf sich aufmerksam machen.

Neben den „**Körbchenläden**" mit Selbstbedienung eröffnete die HO Spezial-Geschäfte wie das **Zoohaus** am Obermarkt, das **Autohaus Lentzeplatz** oder den **Rundfunkladen** am Untermarkt. Privatgeschäfte wie **Beyreiß** (Koffer), **Großklaus** (Kunstgewerbe), **Klingner** (Leder), **Mietke** (Möbel), **Ulrich** (Uhren) und **Hartung** (Spielwaren) überlebten als Kommissionshändler, die von der HO am Gewinn beteiligt wurden. In den 60er-Jahren gab es sogar Leuchtreklamen. „Der Steinweg soll strahlen", lautete die Forderung. Wegen des Energieverbrauchs wurde die Leuchtreklame bald wieder abgeschaltet. 1972 wurde die **Forstbergkaufhalle** eröffnet – die kleinere Vorgängerin nebenan wurde zur **Wohngebietsgaststätte** umfunktioniert.

1980 hatte die HO Mühlhausen 130 Verkaufsstellen und 38 Gaststätten mit 1200 Mitarbeitern. Sorgen bereiteten fehlende Warenlieferungen. Ständige Sortimentslücken sollten durch „optimale Warenpräsentation" kaschiert werden.

Als „Körbchenladen" öffnete 1966 die Kaufhalle am Forstberg, in deren Nachbarschaft 1972 eine große Kaufhalle entstand.

Edith Göpel mit ihrem Gemüseladen am Inneren Frauentor in den 80er-Jahren.

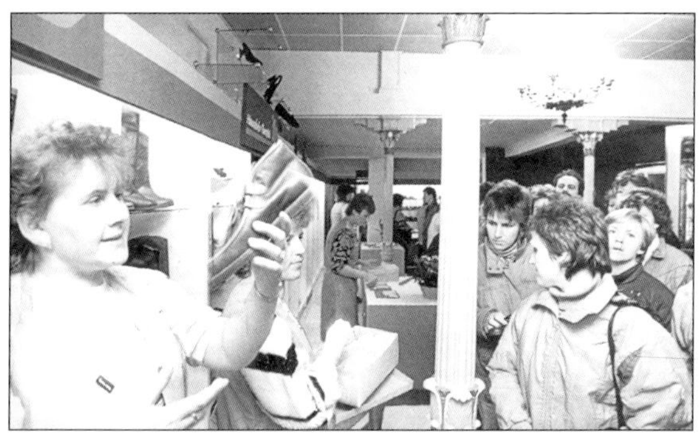

Das neue Schubeck in der Linsenstraße löste 1988 einen Ansturm aus.

Im September 1969 wurde im Kaufhaus „**Magnet**" in der Görmarstraße eine Jugendmode-Abteilung eingerichtet, in der es Jugendbekleidung, Schuhe, Lederwaren, Modeschmuck, Kosmetik, Schallplatten und Zubehör gab. Später wurden die legendären DDR-Jeans **Boxer**, **Wisent** und **Goldfuchs** verkauft. Bückware wurden sie nicht, weil sie fast 150 Mark kosteten.

MIT ÖkuLei AUF DIE BÜHNE –

VIELE TRAUTEN SICH

Kultur und Sport war in den Brigaden ein Thema. Die sozialistisch-kulturelle Entwicklung wurde in den Volkseigenen Betrieben (VEB) gewünscht und unterstützt. Wer den Titel „Brigade der Sozialistischen Arbeit" haben wollte, musste Brigadetagebuch führen und alle guten Taten akribisch aufschreiben.

Auszüge aus Brigadebüchern.

Planerfüllung stand an erster Stelle: Jeder musste sich persönlich verpflichten und noch mal als Kollektiv. Die Teilnahme an ökonomisch-kulturellen Leistungsvergleichen (ÖkuLei) mit eigenen Gesangsgruppen oder mit kabarettistischen Aufführungen auf zentralen Veranstaltungen des Betriebes brachten ebenfalls wichtige Punkte. Dieser ÖkuLei versetzte Berge. Er brachte Frauen auf die Bühne, die niemals irgendwo aufgetreten wären.

Im Kollektiv fällt so ein Bühnenauftritt leichter.

Mit der Erringung des Titels hatte die Brigade auch einige Vorteile. Sie bekam Geld für die Brigadekasse – für Feiern, für die Bockwurst zum Frauentag, Wanderungen und Ausflüge. Der Titel musste jedes Jahr vor einer Kommission verteidigt werden. In der Regel bekam jedes Brigademitglied eine Medaille und eine Prämie.

Rosenmontagsspaß bei „Einheit" 1958.

Für gute Leistungen wurde die „Aktivistenmedaille" oder monatlich der Titel als „Bestarbeiter" verliehen. Ein Porträt des „vorbildlichen Beschäftigten" hing in der „Straße der Besten" im Speisesaal oder am Haupteingang oder gar am Betriebszaun vor dem Eingangstor.

„Jeder Mann an jedem Ort in der Woche einmal Sport"

Unter der Losung „Jeder Mann an jedem Ort in der Woche einmal Sport" bildeten sich, von den Betrieben unterstützte Sportgemeinschaften der einzelnen Industriegewerkschaften. An den Namen der Betriebssportgemeinschaften (BSG) erkannte man die Industriebranche des Trägerbetriebes, zum Beispiel „Fortschritt" für Textilbetriebe oder „Motor" für Metallindustrie, „Lokomotive" (Deutsche Reichsbahn) und „Aufbau" (Bauwesen) nannten sich manche Betriebssportgemeinschaften.

„PFAFFI"

DIE KLINIK AM STADTRAND

Drei Ärzte für 1500 Patienten. Die Strukturen in „**Pfaffi**", dem Krankenhaus in Pfafferode am Rande von Mühlhausen waren zu Beginn der 50er-Jahre mehr als bedenklich: Auf den Stationen gab es zu wenig medizinisches Personal und dazu eine Durchmischung von psychiatrischen Patienten und Menschen mit geistiger Behinderung, akut Kranken und Heimbewohnern. Pfafferode war als kleines Dörfchen mit Kirche und Gut ohnehin eine Welt für sich: Zahlreiche Häuser für Ärzte und eine Wohnsiedlung für Pfleger gehörten auch dazu. Die Anstalt selbst entstand 1912 in parkähnlichen Strukturen, nach damals modernsten Vorstellungen.
Ende der 50er-Jahre wurden neue Organisationsformen hergestellt, die die Psychiatrie öffneten und modernisierten. Das „Open-Door-System" wur-

de eingeführt und vorhandene Psychopharmaka nutzbringend eingesetzt. Offiziell hieß die Klinik „Bezirksfachkrankenhaus" – im Volksmund nur „Pfaffi".

Im Kulturhaus trafen sich Patienten und Ärzte zu Großveranstaltungen.

In Haus 6 und 21 wurden Mitte der 50er-Jahre 70 Betten für neurologische Patienten vorgehalten. Später wurden mehr akut Erkrankte aufgenommen und die Geschlechtertrennung aufgehoben. Moderne Häuser für Alters-, Kinder- und Jugendpsychiatrie, Suchtkrankheiten und Psychotherapie entstanden.

Patienten beim Spaziergang 1971.

Die Angebote der Beschäftigungs- und Arbeitstherapie wurden weiterentwickelt. Sozialtherapeutische Außenstellen gab es auf Gut Sambach, in Grabe und Hollenbach. Neben seiner neurologisch-psychiatrischen Ausrichtung war **Pfaffi** für die Forensische Psychiatrie zuständig. Stationen für ansteckende (Haus 12) und innere Erkrankungen (Haus 7) des Kreiskrankenhauses befanden sich ebenfalls hier. Ab 1960 wurde eine Pathologie eingerichtet, die zahlreiche Untersuchungen auf dem Gebiet der Neuropathologie durchführte und sich erfolgreich an der Demenzforschung beteiligte.

Klinikküche um 1970.

Die 1977 eröffnete neurologische Intensivstation war einmalig im Bezirk Erfurt und in Deutschland sehr selten. Damit verbunden war eine Weiterentwicklung der apparativen diagnostischen Möglichkeiten. In den 60er-, 70er- und 80er-Jahren wurden 100 Fachärzte für Neurologie und Psychiatrie ausgebildet. Die Pflegesituation verbesserte sich durch die medizinische Fachschule, an der Fachpersonal ausgebildet wurde. In den 80er-Jahren entstanden am Klinikrand Plattenbauten. Kindergarten, Schwimmbad und Konsum gab es schon länger.

Fuhrpark der Klinik um 1965.

Lebensmittelladen für Patienten und Personal.

Zwischen 1958 und 1989 konnte die Planbettenzahl von 1450 auf 1075 verringert werden. Die Liegezeit konnte von 465 Tagen auf 205 Tage pro Fall deutlich verringert und die Zahl der Akutpatienten von 857 auf 2694 pro Jahr deutlich erhöht werden. Die Hälfte von 1100 Langzeitpatienten konnte wieder entlassen werden. Die Beschäftigung psychisch Kranker sowohl im Krankenhaus als auch in Betrieben in der Stadt war kein Problem.

EINE GANZE STADT MACHT PARTY

FASSBRAUSE, FETTBROTE UND ROSTBRATWÜRSTE

Die erste Kirmes nach dem Krieg wurde schon 1946 gefeiert: Tische und Stühle, Kirmesbäume und viele Mühlhäuser mit Lust auf Kirmes. Die Kirmesketten wurden mit Mehlkleister geklebt. 165 (!) Kirmesgemeinden feierten vom 14. bis 16. September. Viele hatten einen Trommlerzug; die **Zinkengasse** sogar einen Zirkus. Wochen vorher wurden Kirmeslieder gesungen und Kreise um Bäume gedreht. Besonders in den Vorstädten und Gassen lebte die traditionelle Kirmes. Die gemeinsame Kaffeetafel bei Mühlhäuser „Zwetschenkuchen" wurde zunehmend von Kirmeszelten verdrängt. Ende der 70er-

Kirmesspaß 1948 am Vogteier Platz.

Jahre sollte die Kirmes durch das „Fest der Lebensfreude" ersetzt werden – das misslang, weil die Mühlhäuser nicht auf ihre Traditionen verzichten wollten.

Kirmeskreise 1958.

Kaffeetafel in der Kuttelgasse um 1950.

So gibt es viele ehrenamtliche Bürgermeister. Diese Kirmesbürgermeister regieren mittlerweile neun Tage lang bei der einzigartigen Stadtkirmes. Denn nirgendwo sonst wird in aufs Stadtgebiet verteilten Gemeinden an frühere Kirchweihen, den Ursprung der Kirmes, erinnert. Im Jahre 1877 wurden all diese Kirchweihfeste zur Stadtkirmes zusammengefasst und an einem Wochenende gefeiert. Wegen der Sommerferien beschloss 1970 erneut der «Rat der Stadt» die Verlegung aufs letzte Augustwochenende. Richtige Kirmesfreunde nahmen zwei Wochen Urlaub – eine vor der Kirmes und eine während der Kirmes.

Mit dem Fest sind alle Mühlhäuser Kinder groß geworden, viele machten aktiv in mehr als 40 Kirmesgemeinden mit. Sie zogen bunte Kostüme an und freuten sich auf den Fackelumzug. Der Ablauf war immer gleich: Der Festplatz **Blobach** wurde eröffnet, es folgte die Musikschau mit den besten Spielmannszügen der DDR. Dann ging es in den Gemeinden richtig los: Kirmestänze, Hahnenschlag. Kinder freuten sich auf mit Gurken belegte Fettbrote und die Fassbrause, später mehr auf Rostbratwürste.

Das tut weh – Abschied von der Kirmes.

Großer Festzug am Sonntagvormittag

Alle fieberten dem großen Festzug am Sonntagvormittag entgegen. Damit alle rechtzeitig aus den Betten kamen, gab es das Wecken und die Ständchen durch die Spielmannszüge. Für die Kirmesgemeinden gipfelte der

Beim Festzug ist alles auf den Beinen oder guckt am Fenster.

Kirmesstress in den Vorbereitungen auf ihren thematischen Beitrag zum Festumzug am Sonntag.
Da wurden historische Themen nachgestellt oder die Kommunalpolitik auf die Schippe genommen. Zehntausende Mühlhäuser und Gäste standen bei jedem Wetter am Straßenrand. Ununterbrochen war Kirmes-Oberbürgermeister **Günter Würfel** auf den Beinen. Das Mühlhäuser Urgestein war ab 1972 Chef des „Festkomitees". Zum **OB** hatten ihn die Mühlhäuser Kirmesfreunde ernannt – und diesen Kirmestitel wurde er später nicht mehr los.

So einen Kirmesoberbürgermeister kriegen die Mühlhäuser nicht wieder.

Nach dem ersten Kirmeswochenende war noch lange nicht Schluss: Legendär ist der Frühschoppen am Montag, traditionell die Seniorennachmittage. Wer konnte, feierte täglich in seiner Kirmesgemeinde oder beim Nachbarn.

Zur Kirmes: Hahnenschlag am Forstberg.

Botschaften im Festumzug.

Mit einem großen Feuerwerk auf dem Blobach und der tränenreichen so genannten „Beerdigung" ging die alljährlich größte Mühlhäuser Party und damit ein „gewisser Ausnahmezustand" zu Ende. Die Mühlhäuser ertragen es mit Fassung. Sie wissen nämlich: Nur noch 355 Tage bis zur nächsten Kirmes.

DIE TOPMODELS VON MÜHLHAUSEN

KLEIDUNG FÜR DEN WESTEN

Schon Ende der 70er-Jahre wagten sich junge Mädchen aus dem **VEB Mülana** auf den Laufsteg, um werkseigene Strickmode und selbstentworfene Mode zu präsentieren. Im Jugendmodeclub trafen sich regelmäßig Auszubildende und Abiturienten, aber auch Kinder von Betriebsangehörigen. Einige Zeit später entstand die „**Mülana-Modenschau**", die DDR-weit für Furore sorgte. Wöchentlich trafen sich die Schüler, Lehrlinge und Studenten in der Betriebsberufsschule in der Feldstraße, um zu üben. Musik, Licht, tolle Klamotten. Den überwiegend weiblichen Models machte es

Die Models zeigen den Machern die Maschen.

Spaß, die Pullover, Strickjacken, Mützen, Röcke und Hosen aus den Mülana-Werken vorzuführen.

Die Präsentationen der hübschen Mädchen sorgten für Erstaunen. 80 Prozent der Modelle gab es hierzulande nicht, wenn, dann nur im **Exquisit**, zu kaufen. „Mülana" produzierte überwiegend für den Export. Versandhäuser wie Quelle und Neckermann gehörten zur Kundschaft wie C&A und „Adler".

Schnell hatte sich herumgesprochen, dass die „Mülana-Modenschau" einen enormen Unterhaltungswert hat; mit einem Hauch internationalen Modeflairs und untermalt mit moderner Musik. Das 45-minütige Programm der Topmodels von Mühlhausen war Anfang der 80er-Jahre so umworben, dass die Akteure an vielen Wochenenden zwei bis drei Auftritte hatten. Besonders zu betriebsinternen Präsentationen, zu Frauentags- und Brigadefeiern wurden die attraktiven Mädels bestellt. Das Team um **Bernhard Schumann**, **Ulli Horn**, **Peter Kuhn** und **Jürgen Gutwasser** war der Renner und heiß begehrt.

Unterwegs mit Mülana-Modellen.

Auch männliche Models führten die Kleidung vor.

Drei, vier Mal traten die Mühlhäuserinnen im Palast der Republik in Berlin auf und sorgten dort für Furore. Überall, wo sie hinkamen, wurden sie gefeiert. Schließlich trugen sie die neuesten Kreationen nach westlichem Standard – so kannte man die Mülana-Kollektionen.

Mit interessantem Chic und außergewöhnlichen Farben hat Mülana für Aufsehen in der Modebranche gesorgt.

Nur auf die Frage, wo die Stricksachen zu kaufen wären, mussten die Verantwortlichen die Antwort oft schuldig bleiben. Ein bedauerliches Schulterzucken war oft die Reaktion.

ONKEL WILLYS KLEINER GRENZVERKEHR

EINKAUFEN IM „FRESS-EX"

Jenseits der Grenze hatten sich auch in Mühlhausen die DDR-Bürger in den 80er-Jahren einen Alltag aus Schichtarbeit, Plattenwohnung und zeitweisem Mangel an Waschpulver, Reis oder Tomatenmark eingerichtet. Die Wohnungsmieten waren sehr gering – im unteren zweistelligen Bereich. Brötchen, Milch, Kindersachen waren stark subventioniert. Der Autokauf mit Wartezeiten von mehr als zehn Jahren verbunden. Gurken wurden nur in der Saison angeboten. Dafür wurden hauptsächlich Weiß- und Rotkraut, Erbsen und Möhren sowie die legendären Kuba-Orangen gegessen. Die Eltern gingen oder fuhren mit dem Bus zur Arbeit – fast alle Kinder besuchten den Kindergarten oder die Schule (wo samstags unterrichtet wurde und es nur fünf Noten gab).
Samstags wurde gebadet und natürlich große Wäsche gemacht.

Erst wurde eine Zinkbadewanne aufgestellt, später eine Wanne aus Plaste oder Emaille.

Ihre durchaus vorhandene Reiselust befriedigten die DDR-Bürger mit einem Ferienplatz an der Ostsee oder im Gebirge, mit Zelt und Campinganhänger. Firmeneigene Bungalows waren ebenfalls sehr beliebt – und der Schrebergarten am Stadtrand. Sommerferien waren immer gleich lang: vom 1. Juli bis 31. August. Reisealternativen waren Ungarn, Tschechien oder Bulgarien.

Kuba – nur für Ausgewählte

Über „Jugendtourist", einer staatsnahen Gesellschaft, waren auch Reisen nach Kuba und Jugoslawien für ausgewählte Personen möglich. Der scheinbar dauerhafte Verzicht auf Reisen in ferne Länder wurde beim heimlichen Gucken des Westfernsehens deutlich. In West- und Nordthüringen konnte man – mit teilweise schlechter Bildqualität – „Dallas", „Hitparade" oder

„Der große Preis" sehen.
Jeder hatte Arbeit – ein Arbeitsamt nach heutigem Verständnis gab es nicht, wohl eine Abteilung für Arbeit, die die Zahl der Arbeitskräfte statistisch erfasste und plante. Einkaufen ging man zum Fleischer, Bäcker oder in die Kaufhalle um die Ecke, deren Sortiment allerdings sehr übersichtlich war. Bestimmte Lebensmittel gab es nur als ein einziges Produkt – Preise waren überall gleich.

Anstellen auf Verdacht

Wegen des Einheitlichen Verbraucherpreises (EVP) waren Vergleiche überflüssig. Spezielle, preisgünstige Angebote und die dazu gehörende Werbung wie heute waren dem DDR-Bürger fremd. Wörter wie „Rabatt", „Reklame" oder „Sonderpreis" waren bedeutungslos. Dafür aber Schlangen vor Geschäften – eindeutig ein Signal für ein außergewöhnliches oder seltenes Angebot. Beim Anstellen wusste man oftmals nicht, was es überhaupt konkret zu kaufen gab. Für alle Fälle hatten die Frauen immer einen Nylonbeutel dabei.

Kuba-Orangen waren auch in der Kaufhalle Feldstraße Ende der 80er-Jahre ständig im Sortiment.

Sarotti-Schokolade von Onkel Willy aus Eschwege

Wenn Onkel Willy mit seinem VW-Käfer aus Eschwege regelmäßig über den **Kleinen Grenzverkehr** (ab 1973) seine Verwandten in Mühlhausen besuchte, brachte er eine Tafel Schokolade und eine Büchse Kaba (Bananengeschmack) mit. Die ein bis zwei West-Mark, die er der Enkelin seines Bruders in die Hand drückte, setzte diese im **Intershop** um. Später konnte man Produkte zu hohen Preisen im **Delikat-Laden** kaufen. „**Fress-Ex**" wurde der Laden im Volksmund genannt. Dass Eschwege keine Autostunde entfernt ist, erfuhr das erwachsene Mädchen nach der Grenzöffnung. Die Grenze und das Grenzgebiet waren ein Tabuthema. Wollte man einen Schulfreund etwa in Lengenfeld unterm Stein besuchen, bedurfte es einer polizeilichen Sondererlaubnis. Bewohner der Grenzgemeinden hatten einen dauerhaft gültigen Stempel im Ausweis.

HICKHACK UM „ST. MARIEN" –

WIE DIE KIRCHE „STÄDTISCH" WURDE

Die Marienkirche ist eines der imposantesten fünfschiffigen Gotteshäuser in Deutschland. Das Gotteshaus gehört aber der Stadt Mühlhausen, obwohl die evangelische Kirchgemeinde „St. Marien" noch existiert. 1975 verzichtete der Gemeindekirchenrat auf das Grundeigentum, das an die neu gegründete Zentrale Gedenkstätte Deutscher Bauernkrieg überging.

1967 sah sich Marien-Pfarrer **Dieter Schmidt** einem Mitgliederschwund und Verlusten bei der Kirchensteuer gegenüber. Von 1500 Mitgliedern kamen nur noch 70 bis 80 zum Gottesdienst, der wegen der klimatischen Verhältnisse nur von Mai bis Oktober gefeiert werden konnte. Platz war für 1000 Menschen. Der Gemeindekirchenrat wandte sich mit einem Hilferuf an das Konsistorium der Kirchenprovinz Sachsen in Magdeburg: Die Gemeinde benötige die Kirche nicht mehr und sei außerstande, diese zu unterhalten.

Der Kreiskirchenrat hatte damit natürlich ein Problem. Der Marienkirche „als älteste Kirche der Stadt" käme eine besondere Bedeutung zu. Sie sei „unaufgebbar". Pfarrer Schmidt gab nicht auf. Mitte 1969 versuchte er, die katholische Gemeinde zur Übernahme zu bewegen – vergeblich. 1973 gab es einen erneuten Vor-

Die höchste Kirche der Stadt, ein Hingucker.

stoß Schmidts. Allerdings wurde die Gemeinde aufgefordert, in der „Frage der Abgabe von Kirchen" absolute Zurückhaltung zu üben. Kurze Zeit später gab der Kreiskirchenrat seine Blockade auf. Im August 1974 erklärte Schmidt ganz offiziell die Bereitschaft, die Marienkirche, das Grundstück und weitere Gegenstände wie die Grabsteine in städtische Hand zu geben. Für schwer verrückbares Inventar wie Altar oder Orgel sollte ein langfristiger Leihvertrag mit der Mariengemeinde abgeschlossen werden. Vergeblich bemühte sich Schmidt um Zugeständnisse bei der Glockennutzung.
Anfang 1975 sollte der Vertrag unterschrieben werden. Dazu kam es jedoch nicht. Vermutlich wurde zwischenzeitlich festgelegt, dass die Marienkirche der neuen „Gedenkstätte Deutscher Bauernkrieg" zugeschlagen werden sollte. Der Gemeindekirchenrat erhielt neue Vertragspartner und einen neuen Termin für die Unterzeichnung.

Jegliche religiöse Handlungen wurden untersagt

Der Rat des Kreises beschloss am 6. Februar 1975 allerdings nicht die Eigentumsübertragung, sondern die Befürwortung eines Antrages der Marien-Gemeinde auf „Eigentumsverzicht". Noch bevor die Kirche an den Kreis übergegangen war, hatte der Rat des Bezirkes sie mit Wirkung vom 1. Januar 1975 zum Bestandteil der neuen „Gedenkstätte Deutscher Bauernkrieg" erklärt. Der Beschluss stammte aus dem Dezember 1974.

Die Kirche wurde restauriert und sollte als Konzerthalle verwendet werden. Jegliche religiöse Handlungen wurden untersagt. An Heiligabend 1990 fand erstmals seit 19 Jahren wieder eine Christvesper in der Marienkirche statt. Der letzte Gottesdienst war am 24. Dezember 1971 gefeiert worden.

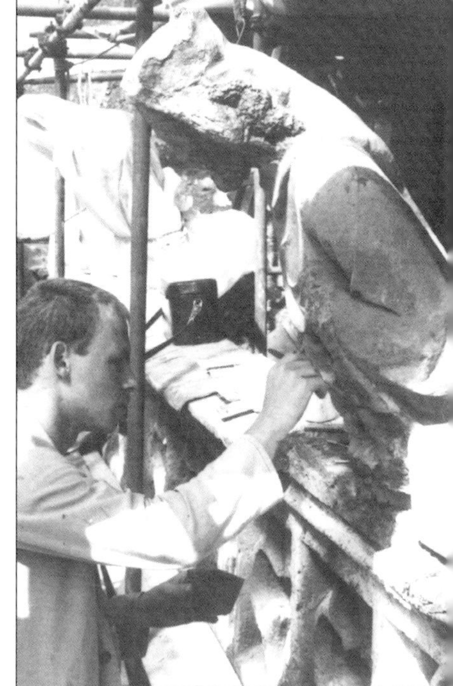

Restaurierungsarbeiten fanden 1988 am Kaiseraltar statt.

PINGUINE UND THÜRINGER GASTLICHKEIT

WIE AUS EINEM SCHERZ BITTERER ERNST WURDE

Es war zu DDR-Zeiten üblich, Schüler in die produktive Arbeit (PA) einzuführen. Bei „PA" konnte früher Schluss sein, wenn Material fehlte und keine Arbeit da war. Fehlende Schrauben waren einer Schülergruppe aus der EOS Erich Weinert beinahe zum Verhängnis geworden.
Die Pennäler kamen auf dem Rückweg zur Schule am Eiscafé **Kristall** am Steinweg vorbei und wollten dort mit Eis und Schokomilchshake die Zeit überbrücken. Auf den Tischen lagen Fragezettel zum Thema **Thüringer Gastlichkeit**. Dabei ging es um eine Kundenbefragung. Beim in den 80er-Jahren eingeführten Wettbewerb sollten deren Zufriedenheit erkundet und Verbesserungen vorgeschlagen werden.

Das Eiscafé im unteren Bereich des Steinwegs.

Alle Mitglieder der Tischrunde füllten an diesem Tag solche Zettel aus. Drei Pennäler bekamen einen Riesenärger damit. Vermutlich waren es nicht die Pinguine, die bedienen sollten oder auf Schlittschuhen ihre Runden im Eiscafé drehen sollten. Oder die grünen Gardinen, die nach Meinung der Befragten besser passen würden. Sicher nicht der Vorschlag, dass die Kellnerinnen „oben ohne" servieren sollten. Es waren drei Adressen von Lehrern der EOS, die am Zettelende aufgeführt waren. Ein Spaß der Verfasser. Es waren keine gefälschten Unterschriften der betreffenden Lehrer –

nur deren Adressen. Die harmlosen Zettel, die die Schüler unter die Glasplatte geschoben hatten, wurden als Urkundenfälschung ausgelegt, mit der sich der Jugendstaatsanwalt befassen sollte. Drei 16-Jährige landeten ganz schnell beim Schuldirektor. Auch dank der DDR-üblichen Verbindungen und unsichtbaren Strukturen. Die Schüler mussten einzeln Schriftproben abgeben. Für die künftigen Abiturienten wurde es ganz eng: Ihnen drohte der Rausschmiss aus der Schule. Damit wäre auch der Traum vom Studium oder vergleichbarer Karrieren geplatzt. Dass die Blödelei harmlos ausging, war wohl dem diplomatischen Geschick zweier Väter zu verdanken. Einer riet seiner Tochter, sich bei der Klassenlehrerin zu entschuldigen, deren Adresse auf dem Fragezettel stand. Mit der Entschuldigung konnte sich die kritische Kristall-Kundin aus der Affäre ziehen. Die angekündigte Anprangerung beim Fahnenappell fand nicht statt. Lediglich am „Schwarzen Brett“ der Schule wurde mitgeteilt, dass es Verweise und Tadel gehagelt hat. Den Titel „Thüringer Gastlichkeit“ hatten übrigens andere gewonnen: die **Hubertusklause**, der **Ammersche Bahnhof**, das **Haus des Handwerks**, das **Hotel Stadt Mühlhausen** und die **Gemeindeschenke Görmar**.

RÖHREN FÜR DEN WESTEN –

TASCHENRECHNER FÜR DIE REPUBLIK

Der VEB „**Mikroelektronik Mühlhausen**“ war eine der modernsten Produktionsstätten. Im Gebäude einer Zigarrenfabrik wurden erstmals Röhren produziert, die ein Verkaufsschlager in der Radio- und Nachrichtentechnik für das Inland und Ausland wurden. Am Sozialtrakt leuchtete stolz: „Betrieb der Sozialistischen Arbeit“, VEB Röhrenwerk „Wilhelm Pieck“ Mühlhausen.

Das Sozialgebäude des 1952 erbauten Röhrenwerkes.

Mit der später auslaufenden Röhrenproduktion entwickelte man schließlich einen Taschenrechner – genannt das „Sofa" – und den „Klein-Computer". An der Görmarschen Landstraße wurden der Einstieg in die Chip-Produktion gewagt und ein neues Werk mit „Reinräumen" und Glasfassaden gebaut.

Am 1. April 1952 hatte das jüngste Röhrenwerk in der DDR seine Arbeit aufgenommen. Die Produktion in der Eisenacher Straße 40 konzentrierte sich auf Rundfunk-Empfängerröhren. 279 Beschäftigte hatten am Ende des Jahres bereits 200 000 Empfängerröhren gefertigt, so dass im Nachkriegsdeutschland unzählige Rundfunkgeräte wieder in Schwung gebracht werden konnten.

Das Produktionsgebäude an der Eisenacher Straße 40.

Später kam die Fernsehröhre PL 36. Bei der gab es übrigens in den frühen 60er-Jahren einmal einen ernsthaften Qualitätseinbruch. Schnell machte damals der Vorwurf der Sabotage die Runde. Ein Ingenieur bearbeitete das Problem und wollte ergründen, ob und wie das die Kollegen aus dem westlichen Ausland so lösen.

„Das sind unsere PL 36!"

Mit vielen bürokratischen Hürden bekam er endlich die im westlichen Ausland besorgten PL 36. Als diese auf seinem Tisch lagen, überzog seine Gesichtszüge ein leichtes Grinsen. Es folgten fragende Blicke seiner Kollegen. In seiner knappen Art sagte der Ingenieur: „Das sind unsere PL 36!" Das hatte einen Grund: das Mühlhäuser Röhrenwerk wurde schon früh Exportmeister mit den Röhren PL 36 und PL 500. Die Röhrenwerker produzierten auch

Taschenrechner vom Fließband.

die Leistungsverstärkerröhre EL 34 für viele Weltfirmen, auch für Siemens, AEG und Telefunken. Telefunken druckte sein Logo und den Bundesadler auf die Röhren, und fortan „dienten" Mühlhäuser EL 34 der Bundeswehr. Eine völlig neue Ära begann im Jahre 1972 mit der Entwicklung des ersten Taschenrechners der „Minirex-Serie" – den ersten in der DDR. Erstmals produzierte die **Röhre**, wie sie in Mühlhausen genannt wurde, Fertigprodukte. Der „Minirex 73" kostete 3400 Mark. Eine ähnlich teure Angelegenheit war der ab 1985 produzierte Kleincomputer KC 85. Für die „kleine technologische Sensation" musste man 4300 Mark berappen. Zuvor wurden Schutzrohrkontakte (ab 1967) und Halbleiterdioden (ab 1971) gefertigt. Zwischen 1972 und 1979 sind Kanalwähler für die Fernsehgeräteproduktion montiert worden. 1956 bis 1959 liefen sogar Fotoblitzlampen von den Bändern der „Röhre".

INDUSTRIE IN MÜHLHAUSEN

INNOVATION UND FERIENJOBS

Jobs gab es in Mühlhausen auch in der Metall- und Maschinenindustrie, die nach der Textilindustrie die zweitgrößte Arbeitgeberin war. Der VEB **Kinderfahrzeuge Mühlhausen**, VEB **Förderwagen und Beschlagteile Mühlhausen** und der VEB **Möve** errichteten sogar neue Betriebsstätten. Der VEB **Kinderfahrzeuge** holte oft Messegold mit Dreirädern und Tretautos, die bei **Quelle** und **Neckermann** sehr beliebt waren. Das Möve-

Die Kinderfahrzeuge waren weltweit bekannt.

Werk war bekannt für die Fahrradproduktion, die 1961 eingestellt wurde. Der dafür produzierte Möve-Schwingsitz ging 1967 in Serie und wurde das „Paradepferd".

Ferienjobs für Schüler

VEB **Förderwagen und Beschlagteile** arbeitete zumeist für die Sicherheitsindustrie und für die Deutsche Reichsbahn. Der „VEB Spezialnähmaschinen", besser bekannt als **Claes**, entwickelte sich als Alleinhersteller von Spezialnähmaschinen für die Textil- und Lederindustrie und war ein begehrter Exportpartner ins sozialistische Wirtschaftsgebiet. Die Fertigung von Strickmaschinen wurde 1961 eingestellt. Ab 1972 gehörte das Unternehmen dem Kombinat „Textima" an. Der VEB **Stehlagerwerk** produzierte Stehlager in allen Größen und für jeden Zweck. Andere Betriebe stellten Lampen, Leuchten, Geldkassetten und weitere Konsumgüter her.

Die Geschichte mit dem Ferienverdienst

Fast alle Betriebe boten Ferienjobs für Schüler an. Wer 14 Jahre alt war, durfte bis zu drei Wochen am Band stehen, Produkte verpacken oder einpacken. Der Arbeitstag begann pünktlich um 7 Uhr und endete spätestens um 16 Uhr. Auch im „VEB Kinderfahrzeuge" am Entenbühl gab es während der Sommerferien, der Haupturlaubszeit, in vielen Abteilungen genug zu tun. Dreiräder und Roller mussten in unverändert hoher Stückzahl vom Band laufen – Werksferien gab es nicht. In Kittelschürze und Turnschuhen versuchten die Schüler, es den Frauen am Band gleichzutun. Während die Ferienjobs mit Stundenlöhnen bezahlt wurden, mussten die meisten Beschäftigten im Akkord arbeiten. Die Schülerarbeit wurde sehr gut bezahlt. Bis zu 150 Mark pro Woche waren drin.
Nach so einer Arbeitswoche am Band des „VEB Kinderfahrzeuge" wurde 1983

ein „Salamander-Traum“ im Treppenflur eines Plattenbaus zerstört. Eine Oberschülerin hatte die 150 Mark, die es für eine Woche Dreiräder-Einpacken gab, gedanklich schon verplant. Im Konsument-Kaufhaus auf dem Steinweg standen in der Schuhabteilung ein Paar „Salamander“, die 129 Mark kosteten. Ein Preis, der für den Geldbeutel der Mutter indiskutabel, weil unerschwinglich war. Also musste die Lohntüte „Ferienarbeit“ geopfert werden. Die cremefarbenen Slipper – hochmodern mit Specksohle – standen nicht lange im Hausflur vor der Wohnungstür. In dem Zehn-Parteien-Treppenhaus fand sich nach nur drei Wochen scheinbar noch eine Liebhaberin für die Schuhe. Sie waren eines Tages auf Nimmerwiedersehen verschwunden.

Das Konsum-Kaufhaus in den 60er-Jahren, in den 80ern wurde es umgebaut.

HANDBALL IN MÜHLHAUSEN

MIT DEM KLEINEN LEDER BIS IN DIE OBERLIGA

Neben dem großen runden Leder hatte auch das kleinere Leder eine große Anziehungskraft in Mühlhausen. Zunächst wurde Handball auf Großfeld gespielt. Später setzte sich der Hallenhandball durch. Die Mannschaft von **„LGM“** wurde auf Hallenparkett zwei Mal Bezirksmeister mit Trainer **Arne Rübsam**, mit Aufstiegschancen zur DDR-Liga. Nach dem Titel 1981 misslang der Aufstieg. Er wäre wohl auch zu früh gekommen.

1981, nach dem ersten Bezirksmeistertitel, hätte LGM bereits in die DDR-Liga aufsteigen können.

Anders sah es sieben Jahre später aus: Die Mannschaft wurde 1988 erneut Bezirksmeister und qualifizierte sich wieder für die Aufstiegsspiele. Parallel dazu erfolgte eine Umstrukturierung im Mühlhäuser Handball. Die LPG „Thomas Müntzer" übernahm die Trägerschaft. Der damalige LPG-Chef hatte einen Handball spielenden Sohn, dem er etwas bieten wollte. Unter dem Namen TM Mühlhausen gelang der Aufstieg in die zweithöchste Spielklasse. Zu allen Auswärtsspielen fuhr ein Fan- und Spielerbus, der extra dafür von der LPG angeschafft wurde. TM reiste quer durch die südliche DDR. Der Eisenacher **Gerhard Wagner** übernahm das Training. Erstmals wurden Spieler „eingekauft" und bei der LPG angestellt. Die Männer konnten zwei Jahre gut mithalten und machten nach Grenzöffnung trotz eines 6. Tabellenplatzes einen Rückzieher. Das eingekaufte Personal wechselte in die alten Bundesländer.

Mühlhausen – auch eine Handball-Stadt

Handball wurde in den 50er-Jahren in den Betriebssportgemeinschaften „Lokomotive", „Post", „Turbine", „Fortschritt" und „Einheit" gespielt. Später entstanden die ASG Vorwärts Mühlhausen, die „BSG Mülana" und „LGM". Gespielt haben sowohl Frauen- als auch Männermannschaften auf dem **Günter-Picht-Sportplatz**. Mitte der 70er-Jahre wurden alle Spiele in der **Turnhalle Damaschkestraße** durchgeführt, die sich als einzige Halle für Wettkämpfe eignete. 1989 hatte der sportbegeisterte Mühlhäuser an Samstagen ausgesorgt, wenn Handballer und Fußballer ihre Liga-Kontrahenten empfingen.

STADTJUBILÄUM 192 JAHRE ZU FRÜH GEFEIERT

KEINER HATTE ES GEMERKT

Das Jahr 1975 hatte es in sich: Erst wurde an 450 Jahre Bauernkrieg erinnert und dann an 1200 Jahre Ersterwähnung der Stadt. Allerdings wurde das Stadtjubiläum 192 Jahre zu früh gefeiert. Gemerkt will es zeitnah keiner haben, also gab es das volle Jubelprogramm. Verfrüht! Denn die Urkunde von 775, in der Karl der Große dem Kloster Hersfeld unter anderem auch den Zehnten in „Molinhuso" schenkt, bezieht sich auf Groß-Mölsen unweit von Erfurt, nicht auf Mühlhausen. Anmerkungen von Historikern blieben wohl unberücksichtigt. Erst später wurde diese Erkenntnis korrigiert. Eine Urkunde vom 18. Januar 967 nennt Mühlhausen. Das wäre dann das richtige Datum für eine Ersterwähnung, die für ein Jubiläum notwendig ist. Unterschrieben wurde das Dokument vom König und späteren Kaiser Otto II., als er sich in der Mühlhäuser Pfalz aufhielt.

Plakate warben für ein Festjahr.

Man hätte also 1967 eigentlich einen Grund zum Feiern gehabt – wenn man es gewusst hätte. So wurde das 1200-jährige Jubiläum mit einem Festwochenende Anfang Juli gefeiert. Auf dem Rathaushof fand ein historischer Markt statt. 4500 Mitwirkende gestalteten einen Festumzug und zeigten farbenprächtige Bilder aus 1200 Jahren Stadtgeschichte. Im Oktober fand noch die Festwoche „1200 Jahre Mühlhausen" statt. 1992 wurde das 1025-jährige Jubiläum zumindest mit einer Münze gewürdigt. Das 1100-Jährige steht uns also noch bevor: im Jahre 2067 und das 1200-Jährige dann anno 2167. Dann könnten Bierkrüge, Teller, Münzen, Tücher und Abklatschbilder wieder herausgeholt werden.

HAUPTVERKEHRSSTRASSE DURCH DIE ALTSTADT

STADT IM WANDEL

Die einzige Hauptverkehrsstraße in der Altstadt verläuft über den Untermarkt. Deren Verlauf wurde immer wieder verändert: Mal führte die Straße vor und hinter der Divi-Blasii-Kirche entlang, mal nur auf einer Seite. Brunnen gab es immer, auch Haltestellen für Bus und Straßenbahn sowie Parkplätze. Mal standen mehr Bäume an der Straße, mal weniger, mal keine. Ende der 40er-Jahre verschwand der Bismarckbrunnen aus dem Jahre 1911 an der Blasius-Kirche. 1952 wurde der Untermarkt in Wilhelm-Pieck-Platz umbenannt. 1968 wurde mit dem Rückbau Wilhelm-Pieck-Platz 18 bis 22 begonnen, wo sich die **Elite-Drogerie** und das **Friseurgeschäft Erich Hottop** befanden. Es sollte Baufreiheit für die Erweiterung des **Hotels Schlenker** geschaffen werden.

Gummistiefel fürs unterirdische Klo

Gleichzeitig verschwanden die Tankstelle und die unterirdischen Toiletten neben der Tankstelle, die man wegen der Feuchtigkeit und des Geru-

Tankstelle und daneben der Zugang zur unterirdischen Toilette.

ches zuletzt nur mit Nasenklemme und Gummistiefeln betreten konnte. Auf dem Eckgrundstück Untermarkt/Erfurter Straße befand sich bereits im 18. Jahrhundert ein Gasthof, der nach 1945 als „**Schlenkers Hof**" von Paul Schlenker weitergeführt wurde. 1959 übernahm die HO das Hotel. Mit 50 Betten war es das größte in Mühlhausen. Es musste aber dringend erweitert werden, weil es in Mühlhausen damals nur 193 Hotelbetten gab. Deshalb musste der alte „Schlenker" einem Bau im sozialistischen Stil weichen. Zum 20. Jahrestag der DDR wurden das Hotel **Stadt Mühlhausen** eröffnet, und der Untermarkt neu gestaltet. Ein neuer schmuckloser Springbrunnen stand dort, wo die Tankstelle war. Daneben Pflanzenhochbeete und Bänke. 1985 wurden wieder in der Unterstadt gebaut und der erste Abschnitt einer erneuten Umgestaltung fertig gestellt. 1987 wurde der Brunnen von 1969 wieder entfernt. Ein Jahr später wurde ein neuer Rundbrunnen in-

Der Untermarkt, bevor das Hotel „Stadt Mühlhausen" errichtet wurde.

Der Untermarkt in den 80ern: Mehr Straße als Platz.

stalliert – der Wilhelm-Pieck-Platz wurde erneut umgestaltet. Noch 1989 entstand vor der Blasius-Kirche der Marktweiberbrunnen neu. Der Untermarkt wurde nach der Wende umbenannt und umgebaut – mit anderer Straßenführung und Platzaufteilung.

Später fuhren hier auch die Busse entlang.

DAS LÄNGSTE POKALSPIEL IM DDR-FUSSBALL

24 ELFMETER – ERST DANN STAND DER SIEGER FEST

Zu einem „Fußballkrimi" wurde das Pokalspiel des **BSC Union Mühlhausen** gegen **Wismut Aue** am 26. August 1989 im Stadion **An der Aue**. Es war super Kirmeswetter, und es lag eine Überraschung in der Luft. Vor 4100 Zuschauern mussten 24 Elfmeter geschossen werden, ehe der Sieger in der 1. Hauptrunde des FDGB-Pokals ermittelt war. Nach der regulären Spielzeit und der Verlängerung stand es 2:2. Als alle 22 Spieler ihre Elfmeter geschossen hatten, gab es noch keinen Sieger. Also ging es von vorn los. **Roland Fast**, der den ersten Elfmeter sicher verwandelt hatte, scheiterte nun an Aue-Torwart Jörg Weißflog. Dessen Teamkollege Andreas Langer verwandelte später den 24. Elfmeter zum hauchdünnen Sieg. Zuvor hatte Union-Torhüter **Gerd Sachs** Bälle von Schmidt, Pfüller und Vogel gehalten, Sein Gegenüber parierte Schüsse von **Torsten Gerlach** und **Peter Zelßmann**. **Jürgen Gallerach** hatte übers Tor geschossen. In der regulären Spielzeit waren die Veilchen aus Aue durch zwei Tore von Volker Schmidt (35.) und Roland Balck (36.) in Führung gegangen. Union spielte schon in der ersten Hälfte gut mit, erarbeitete sich Chancen. Die größte vergab **Heiko Rose** in der 24. Minute. Nach dem Seitenwechsel erzielte **Frank Holick** in der 69. Minute den Anschlusstreffer. Fünf Minuten vor Abpfiff traf **Dirk Schneller** zum vielumjubelten Ausgleich. In der Verlängerung gab es gute Paraden auf jeder Seite, aber keine Tore.

Bezirksmeister Union stieg 1989 in die DDR-Liga auf.

Stadionsprecher **Michael Meyer** konnte nach der Verlängerung keinen Sieger verkünden. Es kam zum Elfmeterduell mit glücklichem Ende für Aue. Was den Fans erst später bewusst wurde: Sie hatten das wohl längste Pokalspiel im DDR-Fußball erlebt.
Die **BSG Union Mühlhausen** war im Juni 1972 durch den Zusammenschluss der beiden Vereine „Motor" und „Post" entstanden.

PFLAUMENMUS –

EINE KLASSISCHE BÜCKWARE

Das Mühlhäuser Pflaumenmus gehört zu den bekanntesten Brotaufstrichen in Deutschland. Es geht auf eine Originalrezeptur der **Firma Herthä** aus dem Jahr 1908 zurück und wurde später ein klassischer **Bückartikel.** Denn in Mühlhausen bekam nicht jeder ein Glas Mus ab. Es war gut, eine Verkäuferin zu kennen, eine, die sich nach seltener Ware bückte und unterm Ladentisch ein Glas hervorzauberte. Die Produktion der 1972 verstaatlichten **VEB Thüringer Pflaumenmus- und Konservenfabrik** stieß immer wieder an Grenzen: Einerseits waren die einheimischen Pflaumen wegen ihres Reifegrades nur bedingt zur Musherstellung geeignet. Andererseits reichten die Devisen nicht für den Import von ausreichend Pflaumendickmus aus. So wurde Pflaumenmus aus Mühlhausen zur Mangelware. Die Thüringer hatten einen erfolgversprechenden Tipp: eine Fahrt nach Berlin. Dort war das Pflaumenmus immer zu haben.

Pflaumenmus von 1984: Wie es aussieht, war bekannt.

Die Hauptstadt wurde bevorzugt beliefert. In regelmäßigen Abständen bekamen auch die deutschen Botschaften weltweit etwas Mühlhäuser Mus in Büchsen zugeteilt – wenn die Staatsreserve alle 16 Monate „umgewälzt" wurde.

GERBER IN MÜHLHAUSEN

NICHTS FÜR ZARTE SEELEN

Das ist nichts für zarte Seelen. In der letzten übrig gebliebenen Werkstatt im ehemaligen **Mühlhäuser Gerberviertel** hängen immer noch Felle von Schafen, Rindern und Haustieren. Dort roch es schon zu DDR-Zeiten nach totem Tier und Chemikalien. **Jürgen Stölcker** betreibt in vierter Generation den 1895 von Urgroßvater Hermann Aemilius eröffneten Familienbetrieb. Damals gab es noch 19 Gerbereien in Mühlhausen. Davor sollen es mal 80 Betriebe gewesen sein.

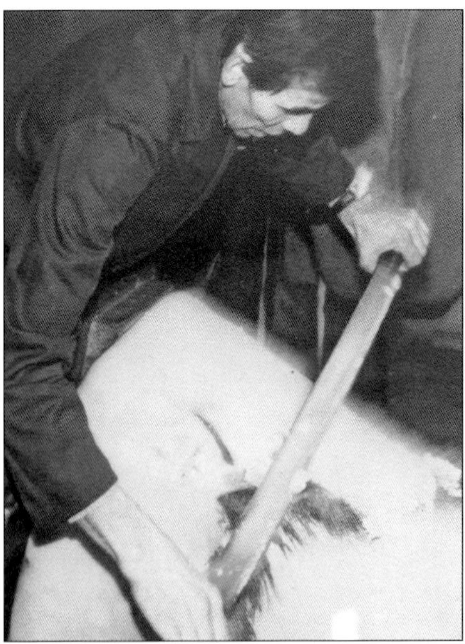

Jürgen Stölcker beim Schneiden eines Felles.

Der 1939 geborene Stölcker bezeichnet sein Handwerk als „aussterbende Zunft". „Reich wird man damit nicht", sagt der Gerbereitechniker. Nach sechs Jahren Walz als Geselle studierte er am Deutschen Lederinstitut im sächsischen Freiberg. Zwölf Angestellte hatte Stölcker zu DDR-Zeiten, darunter Sohn Jens und Mechaniker Peter Glieche. 1920 waren 45 Leute in der Gerberei beschäftigt. Bis zur Wende gab es drei Betriebe. Neben Stölcker noch **Hans-Werner Mammitzsch** (Fiedrich-Engels-Straße) und **Willy Jacob** (Wahlstraße). Vor allem Schuh- und Futterleder für Arbeitskleidung produzierte Stölcker – alles Großaufträge. Aus Schweinsleder wurden Halbfabrikate für Schürzen, Handschuhe und Arbeitsschuhe hergestellt. Besucher staunen über die Funktionstüchtigkeit der Maschinen aus dem 19./20. Jahrhundert und die Fingerfertigkeit seiner Betreiber. Stölcker lässt es sich nie nehmen, Gäste durch die Räume von einst drei Gerberwerkstätten zu führen und Schleifräder aus der Jahrhundertwende, eine Bügel- und Narbenpresse von 1916 oder eine Glanzstoßmaschine zu zeigen.

Um den strengen Gerbergeruch etwas zu verringern, setzt Stölcker Enzyme aus der Bauchspeicheldrüse des Rindes ein. Eine Woche dauert es, bis die geweichten, gewaschenen und gegerbten Felle aus den riesigen Kiefernfässern genommen und auf die Böcke gelegt werden können. Anschließend werden die Felle auf Rahmen genagelt und auf den Trockenböden verteilt. Ihren letzten „Schliff" erhalten die Felle schließlich auf der Schleifmaschine.

Idylle in der Altstadt. Nur noch eine Gerberei gibt es an der Schwemmnotte.

Entlang der Schwemmnotte, die auch das Gerberviertel durchfließt, haben einst 114 Gerber ihre Felle gewaschen. Noch zu DDR-Zeiten roch es dort etwas streng. „**Auf der Damme**“ konnte man Gerber bei ihrer Arbeit beobachten. Prominentester Mitarbeiter könnte **Günter Würfel** gewesen sein. Der langjährige Kirmesoberbürgermeister hat hier mehr als 30 Jahre gearbeitet.

POSTKARTE MIT WIENER STEPHANSDOM

... MACHTE GROSSE PROBLEME

Vor Beginn seines Schauspielstudiums hatte sich ein Abiturient eine Arbeit gesucht. Er landete 1986 im Patenbetrieb seiner EOS „Erich Weinert“, dem **VEB Mikroelektronik Wilhelm Pieck**. Kurz vor Studienbeginn entschloss er sich, 14 Tage in den Urlaub nach Ungarn zu fahren. Den Frauen in der Brigade musste er versprechen, „eine schöne Postkarte“ zu schicken. In Ungarn hatte er eine Postkarte vom Wiener Stephansdom gekauft, auf die er schrieb:

„Der Dom ist echt toll, hier ist es überhaupt sehr schön. Baut euren Computer alleine weiter! Ich komme nicht mehr zurück.“

Sie wurde mit einer ungarischen Marke frankiert in Budapest eingeworfen. Das merkwürdige Verhalten der Grenzer bei der DDR-Einreise konnte er sich erst später erklären.
Als er wieder in Mühlhausen ankam, erzählte ihm seine Mutter, dass die Polizei im Haus war und sich lange in seinem Zimmer aufgehalten habe. Er solle sich nach Rückkehr sofort melden. Einen Tag drauf war erst mal der große Kirmesumzug. Auch der VEB Mikroelektronik „Wilhelm Pieck“ stellte einen Block. Als einige Männer aus der Brigade den Urlauber am Straßenrand sahen, stürzten sie auf ihn zu und riefen:

„Was machst Du denn hier. du bist ja gar nicht abgehauen. Hatten wir einen Stress ...“

Nun wusste er, bevor er zur Polizei geht, wird er erst mal im Betrieb vorbeischauen. Als er dort auftauchte, ruhte die Arbeit in der Abteilung eine halbe Stunde. Alle wollten wissen, was er angestellt habe. Sie berichteten von Männern, die viele Fragen stellten. Von einer Postkarte wussten sie nichts. Auf der Polizei wurde der Rückkehrer zu einem Kriminalkommissar gebracht.

Hier im Werk II an der Görmarschen Landstraße sollte die Postkarte an die Kollegen eigentlich landen.

„Ja, warum lesen Sie denn fremde Post?“

„Sie wissen, warum Sie hier sind?“ – „Ja, bestimmt wegen der Postkarte!“ Sein Gegenüber holte ein Gesetzbuch heraus und las den Paragraphen vor, wonach nicht nur die Republikflucht, sondern auch das Vortäuschen mit so und so vielen Jahren Gefängnis bestraft werden könne. Er sei aber zur Auffassung gekommen, dass sein Gegenüber nicht republikflüchtig sei. Ansonsten wäre er bei der Einreise verhaftet worden, hätte als vorbestraft gegolten und seinen Studienplatz vergessen können. „Ja, warum lesen Sie denn fremde Post?“, wollte der Vorgeladene wissen. Der Polizist erklärte, dass jeder Betrieb eine Poststelle habe, die die Post aus dem nichtsozialistischen Ausland gesondert prüfe. Diese habe eben den Verdacht auf Republikflucht begründet.
Wie man auf so eine blöde Idee kommen könne, wenn Marke und Poststempel etwas anderes verrieten, fragte der Vorgeladene. Da legte der Polizist die Karte hin – ohne Marke und ohne Stempel. Er sagte, dass es keinen Grund gab, an deren Echtheit zu zweifeln. Sie sei ein Originaldruck aus Wien. Marke und Stempel waren nicht mehr vorhanden. Die Sache wollte er auf sich beruhen lassen. Aber absolutes Stillschweigen sei notwendig. Vor allem im Betrieb. Doch dafür war es zu spät, musste der Polizist zur Kenntnis nehmen. Dort sei bereits alles ausführlich „durchgehechelt“ worden.

Was war wann?

1946 Gastwirt Oskar Grabe eröffnet „Prinzenhaus“ am Stadtwald wieder

1947 Unstrut-Hochwasser: „Ölgraben“ vom Stadtgebiet abgeschnitten, Häuser werden geräumt, eine Frau ertrank

1948 Oster-Sonderzuteilung für alle Kinder: 250 Gramm Zucker oder Süßwaren
Eröffnung Poliklinik Brunnenkreßstraße, Kulturbund öffnet „Haus der Kultur“

1949 Landgericht Mühlhausen entsteht am Untermarkt 17

1950 Beginn Schulspeisung für 3000 Kinder

Umbenennung Lindenbühl in Leninstraße, Kiliansgraben in „Straße der deutsch-sowjetischen Freundschaft“

1951 Wiedereröffnung Sport- und Kulturstätte Schwanenteich

1952 Auflösung Landgericht, Umwandlung in Kreisgericht; „Haus der jungen Pioniere“ in der Dr.-Külz-Straße

1953 Einweihung Freilichttheater „Volkspark Thomas Müntzer“ mit 2000 Sitzplätzen

17. Juni: 15 Personen werden bei Demonstration auf dem Untermarkt verhaftet

Thomas-Müntzer-Schule wird erste Zehnklassenschule der Stadt

1954 Eröffnung Frauenklinik Leninstraße 17, neues Planschbecken am Pfortenteich

1955 17. Juli: Schwimmbad Pfafferode wird eingeweiht

1956 Erste Altstoff-Annahmestelle in Kilianistraße, weitere in Mönchgasse und Lentzeplatz

1957 Stehlagerwerk von Dresden nach Mühlhausen verlagert

1958 Gründung GPG „Edelweiß“ – sieben Gärtner bringen 8,59 Hektar ein

1959 Eröffnung Busbahnhof An der Burg

Erste Feuermelder in der Stadt installiert

1960 Großbrand im VEB Ofen- und Herdbau: 250 000 Mark Schaden

1961 Bruno Diefenbach wird Vikar der St.-Josefs-Gemeinde

Eröffnung Kaufhalle Forstberg

1962 Kino „Weiße Wand" geschlossen

Errichtung Botanischer Garten Thälmannstraße

1963 Dachstuhlbrand Thomas-Müntzer-Schule

1964 der Dienstleistungsbetrieb „Telelux" wird aus VEB Röhrenwerk ausgegliedert

1965 Eröffnung Autohaus Lentzeplatz

Umbenennung Birkenweg in Marcel-Verfaille-Allee

1966 Gründung Gartenbaukombinat

Eröffnung Terrassencafé mit Selbstbedienung im Durchlaufsystem am Schwanenteich

Eröffnung Kinderklinik Goetheweg

1967 alle Straßenbahnlinien verkehren durch Unterstadt ohne Schaffner

1968 Eröffnung Stadtambulanz Wagenstedter Straße mit Arzt und Zahnarzt

1969 Deponie Aemilienhausen wird für Mühlhäuser Hausmüll eingerichtet

1970 VEB Kinderfahrzeuge Mühlhausen entsteht aus Metallwarenkombinat, Wiedereröffnung Puschkinhaus mit Tanzabend

1971 Eröffnung Kinderkaufhaus Steinweg/Stätte

1972 II. Programm DDR-Fernsehen kann auch in Mühlhausen empfangen werden

Einweihung POS VIII

Erste Disko im „Zentrum der Jugend“

1973 Neue Kaufhalle Forstberg

Neue Schülergaststätte im „Goldenen Stern“

1974 Einbahnstraßen-System entsteht: über die Herrenstraße, Bei der Marienkirche und Holzstraße

Die Medizinische Fachschule Pfafferode wird eröffnet

1975 Gründung Zentrale Gedenkstätte „Deutscher Bauernkrieg“

1976 IFA-Autohaus Ammersche Landstraße übergeben

1977 Eröffnung „Stadtferienzentrum Schwanenteich“
100 Jahre Stadtkirmes

Übergabe POS XI

17. September: Eröffnung „Stadion an der Aue“

1978 Umbau Steinweg beginnt

Eröffnung VEB Denkmalpflege Erfurt, Betriebsstätte Mühlhausen, Holzstraße 13

1979 Freundschaftsvertag mit Tourcoing (Frankreich)

1980 Steinweg-Erneuerung

Übergabe Pestalozzi-Schule im Johannistal

1981 Auflösung Fernamt Mühlhausen, da 98 % im Selbstwählverkehr telefoniert wird

1982 Dieter Staemmler neuer Kantor und Organist

Eröffnung Kaufhalle Feldstraße

1983 Kläranlage am Rieseninger wird in Betrieb genommen

1984 Erster Palmenmarkt auf dem Rathaushof – 3500 Palmen verkauft

1985 Abriss von Teilen des Jacobiviertels

Wieland Meinold tritt Amt als Stadtorganist an

1986 Abriss Jacobiviertel

Jugendmodezentrum im Kaufhaus „Magnet" eröffnet

1987 Eiscafé Stach eröffnet

1988 Ausbau Langensalzaer Straße zu vierspuriger Trasse, Abriss zahlreicher Häuser rechts und links

1989 Ab Ende Oktober Beginn des Dialogs oppositioneller Kräfte in Martini- und Marienkirche; Demonstrationen durch die Stadt bis zum Rathaus. Vertrag über die Städtepartnerschaft Mühlhausen - Eschwege

1990 Neujahrstag: Menschenkette quer durch Mühlhausen zum Gedenken an Opfer von Stalinismus und Gewaltherrschaft. Am 23. Mai konstituierte sich die aus freien Wahlen hervorgegangene Stadtverordnetenversammlung in der Rathaushalle und wählte Hans-Dieter Dörbaum zum Bürgermeister

Ebenfalls im Herkules Verlag erschienen:

Gera
Fotografien von 1969–2008
von Hans-Joachim Hirsch
56 Seiten, zahlr. S/W-Fotos
978-3-937924-96-0

Weißt du noch?
Mitten aus'm GERAER DDR-Alltag
Geschichten und Episoden
von Reinhard Schubert
88 Seiten, zahlr. S/W-Fotos
ISBN 978-3-937924-96-0

Städte und Automobile
der 50er-Jahre in West und Ost
von Dieter K. Tscheulin,
Dietrich Großblotekamp
96 Seiten, zahlreiche S/W-Fotos
ISBN: 978-3-941499-66-9

Weißt du noch?
Mitten aus'm Eisenacher DDR-Alltag
Geschichten und Episoden
von Ulrike Frank
88 Seiten, zahlr. S/W-Fotos
ISBN 978-3-941499-61-4

Unerschrocken die Wahrheit sagen
deutsch/englisch
Auf Martin Luthers Spuren
Seine allerbesten Sprüche
von Doris Berth
64 S., gebunden, zahlreiche Farbfotos
ISBN 3-937924-40-X

Besuchen Sie unsere Homepage!

www.herkules-verlag.de